理
享
家

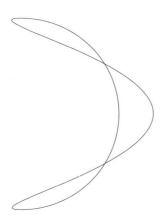

理享家

经济的限度

汪丁丁◎著

中国计划出版社　博集天卷 CS-BOOKY

图书在版编目（CIP）数据

经济的限度 / 汪丁丁著. —— 北京：中国计划出版社，2017.6

ISBN 978-7-5182-0663-6

Ⅰ．①经… Ⅱ．①汪… Ⅲ．①中国经济－研究 Ⅳ．①F12

中国版本图书馆CIP数据核字（2017）第132357号

经济的限度

汪丁丁　著

中国计划出版社出版

网址：www.jhpress.com

地址：北京市西城区木樨地北里甲11号国宏大厦C座3层

邮政编码：100038　电话：(010) 63906433（发行部）

新华书店北京发行所发行

北京中科印刷有限公司印刷

787mm×1092mm　1/16　15 印张　144 千字

2017年6月第1版　2017年8月第1次印刷

ISBN 978-7-5182-0663-6

定价：42.00元

质量监督电话：010-59096394

团购电话：010-59320018

再谈中国问题的复杂性

感谢徐晓和她的编辑团队至少两年来的不懈努力，这本"文选"（选自2010年以来我写的文章）终于出版。我撰写这篇序言时，有机会重温这组文稿，并惊讶地发现它们被编辑重新安排之后简直可说是"焕然一新"。这本新书的序，我认为，最合适的标题是"再谈中国问题的复杂性"。事实上，我在以往三十多年里写了不少文章探讨中国问题的复杂性。收录在这本书里的文章，至少两篇以此为主题。其一是2014年我在杭州湖畔居与周濂的长篇对话，另一篇的标题是《复杂思维为何艰难》，也是2014年写的——那一年中国与世界的学术界受到法国经济学家皮凯蒂《21世纪资本论》的思想冲击，为此，我写了一组文章，收入张进主编的《中国改革》。张进在财新网发表的评论中特别列出他理解的我这组文章的关键词："中国奇迹""收入正义""资本财富""复杂思维"。读者不难在这本书里找到以这些关键词为标题的文章——《中国奇迹的历史与未来》《收入分配与正义诉求》《资本与财富》，以及上述两篇关于复杂性的文章。与中国问题的复杂性密切相关的，是这本书里其他文章的主题，例如我为阿瑟《技术的本质》2014年中译本撰写的序言，在财新网发表时的标题是《锁死的路径》。

又例如《互联与深思》《人类创造性的两大前提》《互替与互补》《竞争与合作》《自由与自律》。逐渐地，读者不难理解这组文章的基本方向，那就是借着探究中国问题的复杂性，经济学理论或许能够超越以往的局限性。例如，这本书里有两篇这样的文章:《美食经济学》和《行为金融学基本问题》。

以往的经济学理论，核心议题是"稀缺性"——经济资源的稀缺性。因为"稀缺"所以"竞争"，或者，当我们观测到"竞争"时，我们可以推断"稀缺"。所谓"新制度经济学"或"产权学派"经济学，核心议题是竞争稀缺资源时不可避免要有的各种"歧视"标准的孰优孰劣之分析。于是，经济学关于稀缺与竞争的理论，从个体的理性选择扩展至群体的决策行为。如果群体人数很少，那么，经济学家更愿意运用"博弈论"方法于群体行为。不过，当群体人数众多时，博弈论并不是好用的分析方法。例如，当我们分析中国"转型期"各种社会制度孰优孰劣的时候，由于群体人数众多，群体成员相互之间行为预期的不确定性成为任何理性选择模型的主导因素。注意，这里出现的是奈特在百年前考察的那种不确定性——特指那些不可重复从而不可预期"事件"，它们当中意义重大的，现在被称为"黑天鹅事件"。这种不确定性无法被假设"信息完备"或"信息完全"的博弈理论容纳，尤其是，应对这种不确定性的理性选择模型不再可能如以往的博弈分析那样是"逆向推演"的。取而代之的是，例如"基于案例的决策理论"（也称为"基于以往经验之间相似性的非贝叶斯决策理论"），又例如来自统计物理学的随机过程分析方法（出现在宏观经济学教材里的版本是"动态随机过程一般均衡"方法）。但是经济学家在引入这两种新方法之后，几乎立即意识到伴随新方法的核心议题——"复杂性"，或任何复杂系统的"非各态历经"演化特征。典型的各态历经，就是布朗运动的特征——假以时日，空间内的简单布朗运动可以达到任一位置。可是，复杂系统的特征在于，它以往的演化改变着它现在的结构于是很可能永远无法达到某些位置，所谓"非各态历经"演化特征。在这样的"演化社会理论"视角下，如果这些永远无法达到的位置的集合包含着各种被称为"均衡"的状态，那么，社会系统的复杂性意味着社会演化可能达到另外一些状态，例如"崩溃"或"解体"。

其实，我写的有关中国问题的文章，问题意识当中始终有上述复杂性的牵挂。北京的出租车司机喜欢和乘客攀谈，而且喜欢发表政经评论。在以往五年里，我遇到至少三位这样的司机，非常不满意"邓小平时代"的市场化改革。他们的不满，我这样概括：当初的口号是"让一部分人先富起来"，但这些富起来的人却"为富不仁"（当然还要"官商勾结"）垄断了全部经济资源，致使中国社会再度出现了"压迫"阶级与"被压迫"阶级。我的这一概括，可追溯至芝加哥学派经济学家公认的老师奈特在1930年代为学生们讲授微观经济学时的开场白，他提醒学生们，首先，不要以为世界上有完全自由的市场经济，其次，完全不受社会制约的自由竞争很可能导致财富积累和权力垄断到完全消灭自由的程度。阿罗是奈特的学生，以"阿罗不可能性定理"以及相关的理论贡献而获诺奖。但是我认为诺奖委员会忽视了阿罗的另一个"不可能性定理"，这一定理可以表述为：不可能有包含全部社会系统在内的自由市场。换句话说，只能有嵌入于既定社会之内的市场经济而不能有嵌入于市场经济的良序社会。

根据我的上述概括，出租车司机们的不满表现了社会演化的"复杂性"：当初的市场化改革获得中国社会大多数人的积极响应，由于市场化改革而形成的新的社会结构逐渐改变了大多数中国人对市场化改革的态度，新的态度凸显为公众对最近十几年"反腐败运动"的全面支持（包括使权力集中于领导反腐败运动的核心人物的政治支持），这一集权过程又倾向于成为对改革初期"放权让利"过程的完全反动，甚至，为强化这一集权过程而采取的"意识形态"，逻辑地要求批判邓小平时代的改革开放政策，以致最热衷的改革者们不再相信改革是"不可逆转的"（即承认存在着一些中国社会永远不可达到的状态）。

一如既往，我是悲观主义者。在演化社会理论的视角下，中国转型期社会的未来从来就是不确定的，并且这种奈特意义的不确定性逻辑地意味着复杂性和"非各态历经"演化特征。我写的这篇"序言"，本质上是这本文选的"升级版"，仅仅为早已读懂了这本文选的读者而写。我的长期读者从来就知道为理解我现在的文章，他们通常必须回溯我以往几十年发表的文章。不如此，就不能"升级"。

目录

中国奇迹的历史与未来

只要粗略回溯近代以来的中国经济史，不难看到，可称为"经济奇迹"的，例如年均经济增长率高于8%且持续20年以上的时期，仅发生于1990年以后。

这里的"近代"，依照常见的一种解释，上溯150年，由2000年上溯，始于"鸦片战争"。近代以来，即涵盖到今天为止的现代或当代。

由于休谟指出的基于发生时间相邻而生成的关于现象 A 与现象 B 之间的因果联想，我们早已习惯于将1980年代邓小平的改革开放政策视为1990年以来中国经济奇迹的原因，从而难以设想存在着只是因难以"量化"而不能获得经济学家承认的其他更深远的原因。

任何一个经济的奇迹（持续高速增长的现象），都不能脱离它嵌入其中的社会。而任何一个社会，总有"物质生活""社会生活"和"精神生活"这样三个基本的维度。

当我们说这是一个奇迹的时候，其实是相对于我们熟悉的大多数不能称为奇迹的社会现象而言。

经典的奇迹发生于耶稣传道时期，记载于《新约》。由于显著不同于当时绝大多数民众熟悉的、不被认为是奇迹的现象，耶稣由信仰而来的行为，被当时的民众称为奇迹并产生了巨大影响。

科学昌明，凡科学可以解释的，或科学主义者相信科学可以解释的，不再被视为奇迹。科学，包括经济科学。至今，经济学家仍在试图理解或解释"中国经济的奇迹"。

毕竟，这一被称为奇迹的经济增长时期已经或正在成为历史。中国人面对的是未来，是不仅与以往三十多年的政治、经济、社会生活密切相关，而且与以往一百多年乃至一千多年的政治、经济、社会生活密切相关的未来，以及近代以来中国人的物质生活，尤其是精神生活和社会生活的剧烈变迁，所引发的重重危机。

第一重危机是精神生活的，特别在中国，表现为文化危机，或借用1990年代的知识分子话语——"人文精神的危机"。其实，精神生活本质上是内在的，是"自足"，或"不外求"。中国人文精神的失落，是一个漫长的过程。周代晚期"官学失守"，道术为天下裂，诸子百家，求诸于野。至秦汉时期，不论依据台湾的钱穆先生，还是依据大陆的冯友兰先生，人文精神毕竟是止于宋了。宋以后只有"乾嘉诸老"，人文精神"命悬一线"。随后，是唐君毅先生所述的"花果凋零"时期。

第二重危机是社会生活的，特别在中国，核心是情感危机。哺乳动物的情感可分为"原初的"——惧、怒、哀、喜、厌；"派生的"——例如恨、爱、嫉妒；"复合的"——例如又爱又恨、悲喜交集、惆怅莫名。哺乳动物演化至人类，有了更高级的情感，例如道德感、正义感、审慎与悲悯，以及与最高存在相通之感——宗教感或信仰。

是否有单纯指向个人的私己情感？日常生活中，当然有，例如懊恼、悔恨、自恋之类。但深入探究之后，我认为那些表现为私己情感的，归根结底是米德最早论证的每一个人"社会自我"（social self）之反映，我很难想象一个完全孤立于社会生活的人（以著名的"狼孩"为案例）怎样产生懊悔、恼恨、自恋这类私己情感。

第三重危机，读者不难推测，是物质生活的。毫无反思能力的经济发展，势必耗竭人类赖以生存的资源环境生态以及人类自身。可是，对物质生活的任何反思，只能来自物质生活之外，例如精神生活或社会生活。

情感的稳定方式，简称"情感方式"，总是嵌入特定社会生活的。例如，费孝通先生的想象是，乡土中国，每一个人的社会生活由一圈套一圈的同心圆，以及这些同心圆与其他人的一圈套一圈的同心圆之间的复杂关系构成，表现为"远近亲疏"，或"爱有差等"，或更概括地，梁漱溟先生称为"伦理本位的社会"。此处，人之"伦"，从物之"仑"，即繁体字"侖"。据我的朋友吴雪君考证，龢之大者，谓之太和。和与侖，源自音乐的和谐秩序。侖乃律之象征，有笛孔之侖，箫管之侖，琴弦之侖……不同侖之间的共振共感，谓之龢。

近代以来的社会转型，特征之一是乡土的"熟人社会"之消亡，代之而起的是千百万陌生人组成的都市——这些都市不再单纯是政治中心，而是基于劳动分工与协调的集聚效应的经济中心。转型期社会的新生活瞬息万变风险骤升，对不熟悉经济学原理的中国人而言似乎毫无秩序可言，至少，难以形成生活的秩序感。

中国并非特例。据统计，日本和韩国在所谓"经济起飞"时期，不仅有经济的"奇迹"，而且自杀率、离婚率、犯罪率等显著高于稳态时期的情感危机或"奇迹"。

转型期社会生活，由于有了许多新的"侖"，却尚未来得及形成新的"龢"，所以才有了"转型"之感。中国社会的转型，与中国稳态社会的历史相比，堪称迅速，于是我们有了"迅速转型"之感。

在社会生活的表层，与"乡土中国"共生共长了几乎七十余代人（以孔子世系的代际数目为例）的生活方式，以"现代化"的名义，被迅速摧毁。可是，在社会生活的深层，即情感生活的层次——我必须首先讨论政治文化变革。

依据王国维先生的想象，中国政治文化之变革莫剧于商周之变。且不论是否"莫剧于"，史家承认，商至周的政治文化变迁，核心是神的崇拜转化为祖先崇拜。我同意王国维先生的判断，这一转化意味着中国人的情感方式从"天人之际"，逐渐转化为"人伦"。周代确立了伦理本位的封建制度，天下乃成为百家之天下。虽然百家之天下的格局，由秦统一中国而终结。秦以后，汉唐与宋，中国人的情感方式与秦以前的封建社会相比，就伦理本位而言，没有实质的改变。依据瞿同祖先生，秦汉之际，有过一个关键性的"法家的儒家化"时期。又据何炳棣与李学勤关于秦简整理工作中墨家对秦崛起之贡献，以及法家与墨家的关系的对话，我们知道先秦最重要的法家人物或兵家人物（商鞅、李悝和吴起）与早期儒家有不能忽视的思想关联。百代皆行秦政制，很可能以始于周代的情感方式为基础。

近代以来，传统的情感方式——由内及外地呈现出来，与现代的生活方式——由外及内地产生影响，二者之间冲突日益尖锐。更重要的是，在迅速转型期，现代化伴随着我们的生活方式迅速地西方化。洋务运动以来，这一趋势被统称为"西力东渐"。它意味着，西方是强势的而中国是弱势的。强势的新的生活方式，由外及内，由工作、邻里、朋友之间的社会生活逐渐影响到这些领域的情感生活，再深入到每一家庭之内的情感生活，例如亲子之间的情感关系，直到中国人从出生开始便嵌入在新的生活方式之内。

于是，发生了一个基本问题，即情感方式与生活方式的冲突是否将使周代以来形成的中国情感方式最终随着生活方式的转化而成为西方的？

我有充足理由认为，这是很难想象的前景。甚至对西方人而言，在千年宗教传统对当代情感方式的影响逐渐消解之后，一种很可能形成的趋势是回归到家庭或伦理本位的社会生活。换句话说，中国传统的情感方式很可能是人类情感方式的通例而非特例，只是人类尚未找到与这一情感方式相适应的稳态社会生活。

在"经济发展的限度"这一主题之下，西方人和中国人都开始反省自己的生活方式。只不过，如前述，由于精神生活和社会生活的转型，中国人的反省特别难以发生。借用马尔库塞的描述，中国人生活在单一的维度里，而且不以为"单向度的人"之生活其实不是人的生活。

在这一视角下，所谓"中国经济的奇迹"，可以说是因为人文精神的衰微和社会生活的失序，在近代以来几乎唯一有机会发展经济的最近几十年里，单向度的物质生活方式的充分展开。

所以，中国社会的基本问题是深层情感方式与表层生活方式的冲突。求解这一问题的路线，如前述，西方不能提供，中国也不能提供。我认为，等待未来可能涌现出的生活方式，是唯一合理的想象。

经济的限度

大国为何无以师小国

　　这是中国古人实践智慧的一项遗产。"夏虫不可以语于冰者，井蛙不可以语于海者"（《庄子集释》卷六下《外篇·秋水》）。亚洲"四小龙"的发展经验，自1980年代后期至今（尤其李光耀逝世之后），多次被鼓吹推荐给中国这样一个大国，试图成为"大国之师"。其实，20世纪八十年代初期，世界银行写给中国的咨询报告就已充分注意到大国与小国的发展模式有本质差异。我清楚记得，这份报告的附录，以"钱纳利－仙昆"大国模型这一醒目标题在中国经济学家当中传阅。

　　"大国模型"的思想渊源，我认为可追溯至杨格（Allyn Abbott Young，1876-1929）以及剑桥的"凯恩斯小圈子"晚期的核心人物罗宾逊夫人（Joan Robinson，1903-1983）和她的丈夫奥斯丁（Austin Gossage Robinson，1897-1993）——1960年主编出版了一套文集，主旨是探讨"大国的发展模式"（*The Economic Consequences of the Size of Nations*，*New York: St. Martin's*）。这套文集收录的是1957年国际经济学会32名参会者在里斯本关于"国家福利与国家规模之间关系"的讨论文章。一位重要的书评作者科尔（晚年定居英国的美籍奥地利经济学家）特别引述了与会者们的感慨：

"对于这一重要议题，他们发现，找不到任何更早的足以引证的文献"。[1]事实上，科尔认为他自己1941年的作品和西蒙斯1948年的著作 *Economic Policy for a Free Society* 都是与会者们可以引证的先期文献。也是在科尔思想的影响下，舒马赫鼓吹"小的就是美的"。

罗宾逊夫人可以说是凯恩斯"耳濡目染"的朋友，她的丈夫奥斯汀·罗宾逊（在凯恩斯最繁忙的时期承担了《经济杂志》编辑职责）发表于1947年的《凯恩斯传》（商务印书馆1980年滕茂桐中译本）被认为是超过了哈罗德爵士《凯恩斯传》的最佳传记。罗宾逊夫人当然熟悉凯恩斯为批判斯密经济学而提出的"集结谬论"——个人美德推广至全局可能导致不利于每一个人的恶果（例如"节俭"这一美德可能导致经济萧条，从而抵消了节俭的初衷）。当她运用这一极富洞见的观念于发展经济学领域时，她意识到，适合于小国的发展策略不能运用于大国。今天，在博弈论视角下，罗宾逊夫人的洞见相当于经济学家早已获得从而遗忘其思想起源的这一常识：当博弈参与者数目足够多时，每一参与者可以假设自己的策略对博弈格局毫无影响——即"小国"的模型。另一方面，当博弈参与者数目很少时——"大国"之谓也，没有参与者可以假设自己的策略对博

1　Leopold Kohr,1961,"Book review: The Economic Consequences of the Size of Nations, by Austin Robinson", Midwest Journal of Political Science, vol.5, no.1, pp.78–81。关于科尔推动的这一思潮，读者还可参阅 Leopold Kohr, 1941, "Disunion Now: A Plea for a Society Based upon Small Autonomous Unit", American Weekly Magazine, reprinted as,"Leopold Kohr on the Desirable Scale of States", Population and Development Review, vol.18, no.4(December 1992),pp. 745–750；以及他1957年发表的引发了更多争议的著作"The Breakdown of Nations"。

弈格局毫无影响。一个最近的案例，就是人民币对美元汇率的中间价突然贬值引发的全球效应。

因此，"钱纳利－仙昆"大国模型的涵义，在探讨大国经济潜在具有的（由杨格在他那篇1928年皇家经济学会会长就职演说里权威论证过的）规模经济效益之外，至少还包括这样一个命题：大国必须承担大国的责任，虽然小国可以不负责任——人民币贬值不到2％所引发的全球效应，远远大于日元大幅贬值几乎50％。纵观天下，这就是尺度差异导致的大国与小国公共政策（尤其是货币政策）的本质差异。大国模型的数据来源，我记得包括：美国、苏联、澳大利亚、加拿大、中国、印度、印度尼西亚、阿根廷、巴西、秘鲁。

大国往往是特定文化传统的核心区域。以中国为例，值得借鉴的小国主要分布于东亚儒家文化圈内，但中国大陆则是儒家文化传统的核心区域。恰如列文森指出的那样，大国的知识分子在模仿西方现代化的本土社会转型期，敏锐地感受到被边缘化的痛苦，从而奋力反抗西方的以及现代化的生活方式及情感方式。[1]与大国相比，小国的文化特征在于往往能够接纳不同文化的影响（因为小国或许更需要借助于来自其他大国的文化势力来反抗它一直不得不依赖的特定的文化势力），从而具有更加灵活的发展策略。典型的案例是日本，它被认为同时接纳并试图融合"儒家－佛教－基督教"三大文化传统。与此类似但程度不同的是韩国（儒家－道家－佛教－基督

---

1 参阅列文森《儒教中国及其现代命运》，中国社会科学出版社，2000年，郑大华等译；尤其是墨子刻为黄克武《自由的所以然：严复对约翰弥尔自由思想的认识与批判》（上海世纪出版集团，2000年）所撰写的序言。

教）和新加坡（儒家－佛教－伊斯兰教）。

经济发展不同于经济增长，前者是不折不扣的社会演化过程——相当于人的"身－心－灵"协调变动过程，而后者狭义而言仅仅是GDP指标及其部门结构的变动过程——相当于人的身高或体重的变动过程。清末民初，中国知识分子怎样看待西方列强？严复和章太炎虽有相当对立的政治态度却都持有对西方文化的批判立场，大国知识分子素有"携太山以超北海"的文化气魄，借用冯友兰的概括，他们对西方文化的基本立场就是：雕虫小技，乃折枝之类，壮夫不为也。[1]科尔在 *The Breakdown of Nations* 里指出：社会规模又一次表明是一切问题的根源——不论这些问题是好的还是坏的，文化生产力与假设有限的人类智慧，由于专业化而导致在广泛领域里的无知，以及由于毫无意义地符合社会功利主义的优越性。如果说历史主义所看重的那些经济要素，诸如伟大领袖、民族传统，或生产方式，可能解释许多现象的话，那么关于社会规模的理论可能解释的就更多。注意，科尔在这里将"国家规模"改换为"社会规模"（social size），并由此而十分接近了阿罗《组织的限度》里的思路（Kenneth Arrow，1974，*The Limits of Organizations*，W.W. Norton）。

在理论的视角下，由于"国家"的复杂性质（民族的、政治的、文化的、经济的，以及其他方面的），"国家规模"是一个过于复杂故而在政治经济学范围内难以操作的观念。虽然，"社会"这一观念

1　参阅冯友兰《三松堂全集》，卷二《中国哲学史》，上卷，1930年，《绪论》。

仍有许多不同定义，但将国家转换为社会，是可能更富于成果的思路转换。阿罗的思路，首先将社会转换为组织，从而可以只研究组织的效率问题。根据布坎南"俱乐部理论"基础上的公共选择理论，也根据阿罗《组织的限度》第一篇文章《个人与社会的理性》基础上的社会选择理论，"组织"可定义为追求某些共同目标的人群。虽然，组织成员们仍可有许多不同甚至冲突的个人目标。组织得以存在，是因为这些个人目标的集合之间有非空交集，并且，对追求这一交集之内的目标而言，个人因参与组织而付出的代价小于他因参与组织而分享的规模经济效益。

基于共同目标，经济学家可以分析任何组织的"效率"问题，即为实现共同目标而支付的代价是否最小，或限于给定资源是否能最大限度地落实共同目标。假设人群规模是给定的，并且能力在人群中的分布是给定的（通常假设为正态分布），那么，组织的规模经济效益取决于科层的高度，即社会网络的底层至顶层的距离。阿罗对组织理论的贡献在于，他证明在上述假设下存在"最优科层"。当组织结构偏离最优科层时，只有两类情形，其一是科层高度偏低（"过于民主"），其二科层高度偏高（"过于集权"）。从多细胞体内部的神经元之间的分工到人类社会成员之间的分工，一项普适的原理是：底层的社会功能是采集并传播信息，顶层的社会功能是根据底层上传的各类信息提出与全局相关的决策。组织理论的基本问题是：一方面，从底层到顶层的信息传送距离越长，信息因"信道噪声"而扭曲"失真"的程度就越高，从而决策失误的概率也就越高。另一方面，从顶层到底层的距离越长，通常，顶层成员人数就越少，从而达成决策所需的共识程度也就越高——更高的顶层共识程度通常意味着决策可被更有效地执行。据此，我们不难想象二维平面内的一条"组织成本"曲线，呈"U"形，横轴增加的方向表示科层高度的增加，竖轴表示组织成本。当科层的高度在 U 形曲线最低点的左侧时，科层高度偏低，组织成本高于最优科层的成本；当科层高度在 U 形曲线最低点的右侧时，科层高度偏高，组织成本同样高于最优科层的成本。

现在假设人群的规模（通常以人口总量来衡量）逐渐增加，那么给定能力在人群中的分布，每一管理者的有限能力意味着科层高度的逐渐增加，这当然意味着信息在底层与顶层之间传播时的失真度逐渐增加，从而顶层决策失误的概率逐渐增加。于是不难想象，小国的成功决策借鉴到大国之后，因失误概率太高而造成的损失会远超可能产生的收益。其实，这也是科尔和舒马赫学说的一种涵义。

上面的叙述中出现了信号传播理论的核心观念"信号通道"（channels）或简称"信道"，以及相对于给定的信道而言的"噪声"（noise）。阿罗于1970年至1971年期间创立的这一组织理论，若可借鉴控制理论家于1958年至1961年期间发表的诸如"卡尔曼滤波器"这样的降噪方法，可能发展为更具现代社会理论意义的组织学说。以控制系统的卡尔曼滤波借鉴到社会系统为例，这类平行拓展理论的过程是否富于成果，关键是要在社会系统里找到一些能够履行卡尔曼滤波行为的机制。例如，那些不参与决策而且与决策利益无涉的严肃新闻媒体就相当于很好的误差检测机制。当然，在误差检测机制之外还必须有决策失误的矫正机制，而且矫正机制应当与决策机制"正交"——即利益无涉。这里，民主制度或许是最可借鉴的一套制度。

以上叙述意味着，假设人口规模和能力分布不变，同样的科层高度，只因为有不同的政治架构就可以有相差悬殊的社会组织成本。所以，借鉴小国的经验到大国，首先应考察小国的政治架构可否借鉴到大国。基于上述社会组织原理，我们知道，在威权主义的政治架构之内，小国的成功经验通常无法借鉴到大国来。

回顾1980年代后期至2007年的由邓小平推动的中国政治体制改革探索，我们已可明确判断：中国政治体制改革只能依靠本土政治领袖的实践智慧。

实践智慧，它的英文"phronesis"来自一个希腊单词，我在《新政治经济学讲义》里用了至少两个独立章节来介绍和追溯西方实践智慧传统的丢失与重新发现。概而言之，实践智慧既不是以必然秩序为冥想对象的"努斯"（智慧），又不是借助于偶然技巧获取成功的"技艺"，而是在应对偶然性时运用努斯的能力，故而只好译为"实践智慧"。我在《人类创造性的两大前提》里解释过，来自拉丁语的"判断力"与来自希腊语的"实践智慧"，二者之间关系密切。也许，我们可以用"睿智"来涵盖这两个词语。

我们怎样获得康德描述的那种判断力？除了实践，并且以师徒相传的方式积累经验之外，没有更好的途径。法官最典型，"法官"（judge）与"判断"（judgement）分享同一个拉丁文词根，为了胜任这一职务，他通常要毕生积累经验才可获得令人信服的睿智（实践智慧）。在欠发达社会里，因为法官缺乏令人信服的睿智，法律不能获得使之有效的权威性。康德在《判断力批判》里讨论过另一需要充分睿智的职业是医生。在这里，医生判断力的重要性绝不亚于法官在许多可能影响相关社会成员未来行为的决断当中做出最终抉择的那种判断力。并且，医生需要熟悉患者的生命史和社会史，他甚至常被视为患者家族的特殊成员。两千年前，医圣盖伦曾有预言：未来每一个人将成为自己的医生。也就是说，医生的实践智慧远比法官的更具有"本土性"，他甚至必须就是患者自己。

如果我们懂得了法官和医生是怎样令人信服的，我们就明白，本土的政治领袖们应当具备怎样的智识与豁达，才可说是令人信服的，才可获得使政治领导成为有效的那种权威性。

回到主题，假如由于我们缺乏政治智慧，试图将新加坡那种只适用于小邦寡民的威权主义经验借鉴到中国来，那么由于权力有强烈的收益递增性质——即权力自发地追求更大权力，我们不难想象，如同历史上多次发生的那样，市场经济将被强大的政府权力完全摧毁。这就是为什么几乎每一个大帝国的瓦解，都首先由于中央财政税收来源的迅速枯竭（参阅希克斯《经济史理论》）。这当中的理由很清楚，因为官僚政治是市场经济的死敌，当它拼命掠夺经济的时候，同时也就成为它自己的掘墓人。

希克斯临终时说过，他毕生努力试图解释"利润"从何而来。企业为何能够有利润？因为供给曲线向上倾斜，更确切地说，是因为企业运行于它的边际成本曲线与平均成本曲线交点的右侧，同时，企业面对的需求曲线与边际成本曲线在这一交点的右侧相交，于是有了超过平均成本的"利润"或"拟租"。希克斯当然懂得由他参与创立的这套教科书解释，他探索的解释，远比教科书解释深刻。例如，我记得在他的一篇短文里出现过这样的问题：为什么具有最低平均成本曲线的厂商不能无限复制自己的工厂从而使全世界的同类产品都由这家厂商提供？他提供的一种解释是这样的：当最有效率的工厂被持续复制到全世界时，或迟或早，企业家管理这些工厂的能力，简称企业家能力，将成为最严重的制约因素。希克斯相信，供给曲线之所以向右上方倾斜，归根结底是因为企业家能力的稀缺性。

我相信，读者明白了上述道理之后不难判断，大国不能以小国为师。当一个小国的成功经验被一个大国持续复制到足够大的范围时，领袖们还有能力（实践智慧）有效管理这些复制出来的小国吗？这是一个希克斯早已看到解答的问题。诺斯论证，政治家能力与企业家能力是同一类的能力，所以，他始终持有广义的企业家概念，将政治家包括在内。企业家获得利润，是因为企业家能力的稀缺性。同样，政治家获得利润，是因为政治家能力的稀缺性。换句话说，当一个社会承认政治家对利润的权利时，就意味着政治家能力是稀缺的。既然如此，如果没有政治体制改革——旨在使社会组织的有效运行不再仅仅依赖一位伟大政治家的能力——大国就无法在足够大的范围内复制任何小国的经验。

中国问题的复杂性——与周濂对话 [1]

此次与周濂（中国人民大学哲学院副教授）的对谈断断续续进行了将近一个月的时间，最后的定稿长达 33000 字。从中国问题的复杂性，复杂自由主义的解释力，涌现秩序与社会公正，一直到社会的全面解体与心灵的重构，尽管话题一转再转，但核心的问题感却始终不变，那就是《新政治经济学讲义》中提出的"中国社会基本问题"的两个面向："正义问题"（初级表现形式），以及"中国人的情感方式与中国人的现代生活方式之间的协调问题"（高级表现形式）。

周濂：早在1988年，您就曾经在一篇讲义里指出中国现象之所以复杂，是因为它是一个转型期的社会，并且它同时面临着文化的、政治的、经济的这三重转型。时至今日，26年过去了，您觉得中国问题的复杂程度是加深了还是减弱了？有哪些具体的变化？

汪丁丁：我认为中国社会从那时到现在，已经演变为更加复杂的社会。例如，随着"80后"和"90后"成为大众生活舞台的主角，我看到的价值观和行为模式更加多样化，与此相应地，人们的政治

1　此次对话发生于2014年。——编者注

态度与文化认同的内在结构也更加复杂。其实，复杂似乎总意味着内在冲突或张力。所以，复杂到一定程度之后，这些内在冲突不仅很容易被认知主体感受到，而且很容易成为痛苦感（不幸福感）的重要来源。我们的对话于是可以进入我所谓"中国社会基本问题"，即它的高级形态，由外及内的生活方式与由内及外的情感方式之间的持久冲突。

周濂：我特别认同您对"中国社会基本问题"的论述，不过在探讨这个问题之前，可不可以先在浅层次的问题上稍作停留，您举例说"80后"和"90后"的登场让我们的价值观和行为模式变得更加复杂，这一点当然没错。除此之外，我认为更加值得认真对待的是中国社会的利益分化日趋明显，不同利益群体代表自身说话的自觉性也在增强，但是与此同时，中央集权的控制又在加剧，二者之间的张力似乎也让中国问题变得更为复杂，不知您怎么看这个问题？

汪丁丁：我同意你的判断，经济发展到目前阶段，利益分化显著。计划经济时期，我们有不同区域之间的利益冲突、城乡利益冲突、部门利益冲突，以及"条条"与"块块"之间的利益冲突。几十年以来，从这些冲突又分化出来许多群体和个人冲突。例如，关于房价的公共政策直接涉及准备买房的群体与已买房群体的利益不协调，关于取消户籍的政策直接涉及在农民工权益与城里人权益之间如何配置公共资源的复杂议题，关于婚姻、养老、社保、医疗、教育、就业与工资，几乎国计民生的每一个领域的每一项公共政策都足以引发不同利益群体的冲突或不协调问题。因为我们在一些领域的改革滞后，我们的进一步发展或改革就难以避免要陷入以往多次出现的"放、乱、收、死"循环。

目前，可能就是你说的，中央集权控制加强的时期，因为不愿意乱所以不敢放。但是，我们在探讨权力与权利的议题之前，可能需要界定这两大概念。例如，控制，它是很难界定的。严厉的反腐败措施似乎使官僚们噤若寒蝉，但也可能因此而导致国家机器的冻结。那么，改革方案将依靠什么机制落实呢？可能再使用放权的办法吗？可能更激烈一些，例如彻底裁撤三分之一或三分之二的公务员从而让市场和社会自己落实改革方案吗？我甚至想到民国初年的无政府主义思潮，国土面积越庞大，政府就越无法协调随着和平时期的延续而迅速分化的复杂的利益格局。社会演化的基本规律，与达尔文当时观察的自然演化的基本规律一样，就是在隔离的从而没有外来灾难的例如夏威夷群岛上的生物，其种类也可以随演化的时间而越来越复杂。当外来灾难特别频繁或生存环境特别严酷的时候，另有一套演化基本规律，就是无政主义者克鲁泡特金发现的互助论。他是著名的生物学家，流放到西伯利亚那样的严酷环境，发现生物相互不再竞争而是互助，为了都可以生存下去。人类之所以学会了合作，也是因为几百万年前在非洲丛林里不合作就很难与猫科和犬类竞争。竞争或合作的水平，因而依赖于生存环境的性质。这些环境的性质，可以用很多参量来刻画。研究表明，复杂的生态链，参量数值组合的不同，有时候很细微的不同，都可能激化或弱化竞争或合作的水平。

我写过一篇文章，标题是《合作与竞争》。在那篇文章里，我试图论证，合作与秩序是同一层面的现象，而竞争与行为是同一层面的现象。哈耶克认为资本主义其实是人类合作的扩展秩序，可以说是一种特殊的秩序，它持续地扩展自身。竞争行为不可能在完全无序的状态里持续，游戏的各方必须遵守游戏规则，否则无法游戏。所以，合作秩序远比竞争行为高级。

周濂：您怎么评价开明专制？

汪丁丁：开明专制当然也是一条很危险的路。今年5月7日我在复旦大学讲演的主要内容是介绍查尔斯·梯利的一系列著作，主要关于欧洲民主化长期史和拉丁美洲以及印度等国的民主化路径的刻画。我的印象，"二战"以来大约80%的国家，民主化的路径是首先强化政府权力，于是有威权主义政治，但是随着经济发展和个人主义精神的觉醒又要逐渐扩大公民的自由和民主权利。只有大约20%的国家走了另一路径，即首先是民众要求民主和自由，然后伴随着为保护民众权益而必须强化的政府能力，逐渐有了政府权力的加强。

周濂：您认可这条路吗？

汪丁丁：我认为这可能是目前从顶层的角度看最现实的选择。吴敬琏先生提出"顶层设计"，其实也是这个思路。很多朋友不接受或不赞成这样的顶层设计思路，当然，现在顶层确实是在推进这一思路。因为顶层明白，厚重的中层官僚是深化改革的主要障碍。我写过一篇博客文章《为什么我们需要改革60条》。我认为中层官僚是个阻力，顶层若要落实改革方案就要有很细致的直接由顶层发布的改革60条或者60条以上的改革方案。仅只几条纲要性的改革纲领，必定无法执行。事实上，只有两条路可走。其一，借助权力迫使厚重的中间官僚（之所以特别厚重是因为经过十几年的官僚化积累）

执行细致的从而更可监督的改革方案。中央权力可能尚不足以打通这个如此厚重以致积重难返的官僚阻力层。若从2003年宏观调控开始计算，官僚化中间层的板结已经很坚硬，很多利益都固定了，表现为利益关系的坚韧性，又反映在公共政策里，就是政府部门行为的僵化性，所谓"刚性"。恰如鲁迅所言，哪怕搬动一张桌子也要流血。所以，目前全面深化改革的第一步，似乎是在实施吴敬琏先生的顶层设计，实际上就是绕过中层官僚机构的设计。然后，剩下的事情就是，用我一个朋友的话，就是要赶快实施这60条。可是2003年以后，改革陷入一个停滞期。

我认为现在的思路是所谓的"为治本争取时间"，以治标为主。"苍蝇老虎一起打"，是以治标为主，为改革争取时间。

这些"治标"的做法，实际上是营造一种气氛，一种政治文化。

周濂：有道理！但是您说的治本该怎么理解呢？

汪丁丁：治本，当然，这是我个人的看法。在我的朋友当中，大概10个有7个是不同意中国走所谓西式民主道路的。他们大多是采取非西方式的思维，他们反对"华盛顿共识"，可以说大多是"本土知识分子"。我在复旦大学讲演时特别介绍了我的立场。我认为，很可能中国和全世界各国都服从民主化的通例。我介绍过查尔斯·梯利，他研究400年间欧洲各国的民主化的路径，其实他得到的是一个通例，而不是英国民主的个例。任何读者只要浏览查尔斯·梯利的大范围政治文化比较研究，就会发现他刻画的其实是人类社会的通例。根据他的定义，所谓"民主化"，其实就是"不那么不民主"。例如在英国，特权从国王逐渐扩散到贵族，再扩散到平民，选举权从第一和第二等级逐渐下降到第三和第四等级，这样一个过程就是政治民主化。中国人有人类的通性。从行为经济学角度看民主诉求的行为，几乎是必然的。因为富起来了的人，一定有更高的诉求。我的许多朋友认为民主政治不是中国本土的，不在中国文化传统或政治传统里。

多年前，针对这些见解，我在我主编的那份学术刊物上写了一篇文章，探讨民主和自由这类西方观念的本土文化表达。本土的文化传统里，我认为存在一些民主和自由的要素。民主化、民主、自由、正义……许多西方观念，只要符合人类的通性，总可以有本土文化要素的表达。这很重要，因为本土文化里没有系统地形成这些观念，但是有要素，文化的要素有能力表达这些西方观念，重新阐释，融入大众的生活习惯，就是杜威说的那种真正的民主——民主就是日用不觉，是生活常识。中国没有民主政治传统，这是基本事实，但是不能因此否认民主政治是人类通性。恰恰因为英国的民主化路径不是人类社会的通例，我们才看到了中国以及任何其他国家的民主政治的未来。中国人的生活常识里逐渐会有这些观念的本土表达。

所以，还是那句话，治标为治本争取时间。我的理解，要为政治之本争取很长的时间，让它能彰显，能融入大众日常生活，成为中国的政治文化，那时才有对执政党的民主监督。民主监督绝不简单是任何公民在互联网发贴子批评政府的权利或能力，查尔斯·梯利测量民主化的四个维度里面有一个是 mutual bounding（相互约束），怎样计算这一维度的得分？如果只考虑网络的民主，首先要统计全体公民每年发表的与维权有关的贴子数量，然后统计这些贴子当中有多少是得到政府反馈并改善了民主权利之维护的，这一比例，就是相互约束的力度。我们目前的状况是，不论网络上或大众媒体如何批评官僚化作风，一些官员还是不在意这些批评，因为他们觉得只向上级负责就行了。这一特征，在政治的公理化研究中占据核心假设的位置。任何一个政体，不论它自己称为民主的还是共和的，一项可观测的核心特征，就是它对公民诉求是否足够敏感。极端而言，如果对任何公民及公民的任何群体的任何诉求都无动于衷，那么，这一政体就称为"被独断的"。我相信中国领导人愿意政府对公民诉求保持某种程度的敏感性。至于多大程度的敏感性就是民主，我已经引述过文献，所谓民主，其实是一个漫长的数以百年计的过程，称为民主化。更重要的观察是，充满着民主化过程的，不仅有民主化还有去民主化和非民主化，各种力量的博弈，结局未知，也不可预测。

周濂：您曾经说过，"民主的条件可以表述为，民主过程参与者们在每一具体的利益冲突情境内多大程度上仍愿意服从他们当初赞同的一套抽象规则。"有网友认为这个条件对人类来说实在太难实现，因为它不仅要求克服人性的缺陷，还受到人类有限智力的约束。所以就此而言，有人认为您对民主的条件的叙述恰恰意味着民主必然失败，不知您怎么看这个问题？

汪丁丁：这是我解读阿罗博士论文时提出的，民主的条件，首先要求参与民主过程的社会成员搁置私人口味，这时的个体偏好，其实是个体在公共论域里以社会长远利益为基础的价值判断。或者，就是你曾引用过亚里士多德政体分类中的共和政体。当然艰难，否则，英国的民主不会费时四百年以上，才初步进入稳态。民主几乎是人类社会必经之路，如果它的含义是，查尔斯·梯利定义的，民主是民主化过程的静态概括，而民主化以及伴生着的去民主化始终伴随着人类社会，除非完全没有公共选择。可是完全没有公共选择的社会，由于资源浪费太剧烈，要么早已消亡，要么正在消亡。所以，我们不应回答民主是否必然失败这样的问题。我们只应探讨民主化以及伴随着的去民主化在何种社会条件下可能有何种进展。

周濂：在《新政治经济学讲义》中，您指出中国目前面临的问题是，一方面人均收入水平已达到或超过"民主诉求"的阈值，另一方面，人口老龄化要求尽快完善社会保障体系。您认为这两方面压力联合作用的结果，很容易导向福利国家的公共政策。但是，另一方面从理论的角度看，长期而言福利国家的公共政策又难以为继。而事实上，在中国提福利国家，还面临国家能力建设等困境，面对这么多的纠结，我们到底应该怎么办呢？

汪丁丁：在这部讲义的朗润园发布会上，我试图回答你的这一问题但未能深入探讨。当时，我只说中国公共政策在这里需要一种动力学视角。最佳的动态过程可能是这样的，它在足够短的时间内，通过普惠性福利政策使足够多的劳动力得到足够多的人力资本投资，从而在福利政策带来的效率损失难以承受之前，使经济结构升级到足够支持某一令人满意的收入水平的均衡点。

周濂：多年前您在《财经》杂志的"边缘"栏目中曾经提出："在主流市场外还有一些边缘的弱势群体。我们的自由主义不是简单的自由主义，它必须顾及到中国社会的底层，然后才可能有健康的市场经济。"与简单的自由主义相对应的就是您常说的"复杂的自由主义"。我的问题是,在政治制度、文化传统和经济政策这三个领域中,您会如何分别阐释自己的复杂的自由主义立场呢?

汪丁丁:不仅在政治制度、文化传统、经济政策这三个领域里,而且,主要是针对每一具体的情境和相关的公共政策,我和财新传媒总编辑胡舒立新闻团队的朋友们都提出了我称之为"复杂自由主义"立场的观点。复杂性本身,要求我们放弃标签式的观点。例如,我写过很多文字阐述我对民主、自由、正义这类观念的理解。首先,我必须在每一具体情境里用中国人的日常语言和本土情感重新阐释(包括创造性误读)这些西方名词,如果我不能完成这一思想任务,我认为这些名词终究只能是名词,它们无法成为,如杜威在许多年前指出的那样,成为百姓日用而不知的生活习惯的一部分。我尊重每一位朋友争取民主权利的努力,不过,我坚持自己的上述立场和态度,坚持寻求民主和自由等观念的基于本土文化诸要素的表达。当然,假以时日,例如几百年之后,人类各文化的交流与融合可能形成与目前非常不同的中国人、印度人、埃及人和美国人,在这些人的情感方式里,正义、自由、民主这类观念引发的是大致相类的情感。那时,我的这些努力也就不必要了。

周濂:您在2010年和刘苏里先生的对谈中说过:"任何一个抽象的原则应当有本土的表达"。关于这个抽象的表述,学者们也许都不会表示反对,但具体到如何进行本土的表达,以及这个本土表达的动机和目的是什么,可能就会出现重大的分歧。与此相关,我一直觉得现在的中国正在面临一场巨大的语词污染和观念雾霾所导致的思想危机，能指和所指严重紊乱，各种似是而非的表述交替登场，让普通人莫衷一是。比方说您提倡的"复杂的自由主义"，主张要以复杂的态度面对复杂的中国问题；再比如说，您一直提倡要建设"有中国特色的经济学"。面对此情此景，您有何解决之道？

汪丁丁：上面的对话已将我们带入这一问题的论域了。哈耶克晚年也深感"我们被污染的语言"带给他的表达的极大困惑。我也注意到，最近几年，立场完全不同的论者开始使用"复杂"这一语词。因此，我当然与哈耶克有同感。两年前，我特别写过一篇短文，标题就是《涌现秩序的表达困境》。我在几个场合将这篇短文送给朋友们，但多数朋友很可能完全不懂我要表达的是什么。我希望你也读这篇短文。对于表达困境，我只能希望我的读者长期阅读我的文章，他们毕竟了解我的语言所指的是什么，这将大幅度减少误解。很遗憾，互联网普及的后果之一是大众阅读快餐化了，于是我上述的表达困境可能成为越来越深的困境。大约在2011年，我向胡舒立团队建议我们致力于纠正公众在公共领域里使用的偏激语言。当然，这一任务同样艰难。因为驱使人们使用偏激语言的，是偏激的情绪和心理结构（与教育密切相关），而偏激情绪又与人们体验到的政治和经济的不公正程度密切相关。也因此，我说过，我尊重每一位朋友推动民主和自由的努力，只不过我坚持自己的立场和态度。换句话说，我认为我们每一个人在特定社会情境内，根据理性选择模型，总可以有最适合我们各自扮演的特定角色，并且允许每一个人扮演不同但相互之间有所协调的角色，这本身恰好也是民主和自由的政治格局。

周濂：说到用本土文化的要素去重新表达民主、正义、自由等西方概念，您和刘苏里都对吴思先生用"份儿"翻译西方的权利概念表示非常的欣赏。但是恕我拙笨，作为一个出生在南方的"70后"，我对"份儿"这个词儿基本无感，反倒是对"权利"有很丰富的体会，这里除了个体差异之外，我在想是不是还有地域以及世代的差异？您和刘苏里都是北方人，比我年长十五到二十年，对于你们来说，"份儿"能唤起很多情感的记忆，但是也许对于我这一代人以及下一代人来说，反倒是"权利"更契合我们的情感表达方式。很多人不假思索地断定民主、自由、权利这些西方概念不适合中国的国情，但我的态度会乐观很多，事实上观察普通人的日常表述和行动，我们会发现人们已经在自觉不自觉地实践正义、自由、民主、权利这些东西，随着网络时代沟通成本的日益降低，我以为可能不需要再过"几百年"，这些概念就能唤起普通中国人的情感。

汪丁丁：社会科学家用统计数据来表达自己。不过，你可能推测得很正确，因为你是年轻人。让我首先描述现在年轻人的生活世界。实际上我所谓"中国社会基本问题"，是说我们讨论的每一个议题都无法绕开的那种问题。我的表述，中国社会基本问题的一般形式，是从外向内发生影响的生活方式——我们的生活方式基本上是工业化的或西方化的，和由内及外呈现自己的情感方式——我们的情感方式基本上是前工业化的或中国的，二者之间的持续冲突，在我看来，这就是中国社会基本问题的一般形态。让我们从心理学的角度来看人的情感发展，情感脑，通常认为是在大约一亿年前的哺乳动物演化阶段形成的，故也称为人类的哺乳动物脑，它在几百年里不会有显著变化，例如它深受母语的影响。这是最近十几年脑科学研究显示的情况。所以，你的母语是中文还是英文，这件事情在很大程度上几乎就决定了你的情感方式，大致而言，这是神经语言学和心理学的看法。这也意味着，只要你的母语是中文，哪怕你五岁就学习并掌握了英语，你的情感方式依旧是中国的。顺便提及，如果你是心理学家所说的双语儿童，即当你习得母语的时期，男孩平均在三岁以前结束，女孩平均在一岁半以前结束，你同时使用两种语言，那么你就是双语儿童，脑科学的证据显示，很可能你的脑结构的语言中枢难以定位。因为母语的中枢位于左侧大脑皮层，而外语的中枢通常在右侧大脑皮层（成为社会认知功能的延伸）。临床观察的许多案例表明，双语儿童无法表达情感。这是可以想象的后果，因为情感方式依赖于母语，可是母语在定位时发生了混淆也就是错乱。所以，我观察到的双语儿童表达愤怒或其他激情时，更容易的方式是肢体动作而不是语言。这些基本的情感方式随着你出生到掌握了母语就是三岁以后，开始结交朋友，你的情感的发展过程是由内及外的，当你走出家庭碰到了朋友和邻居再到大学再走入社会，越晚接触到西方式的工业化的生活方式，你的现代化的冲突就越少。例如我们这一代人，改革开放开始时我们已经三十岁了，情感方式不仅在家庭和邻里早已呈现出来，而且在我们插队的农村和做工人的工厂都早已呈现出来。这也意味着我们的情感方式与我们目前的生活方式之间的冲突相当地外在于我们的内在生活，所以，我们这一代人的生活比较稳定。当然有许多人有婚外恋或情感纠缠，但是绝大多数我们这一代的人都已退休。

中国问题的复杂性——与周濂对话

相比之下，2005年以后出生的孩子，现在不到十岁。可以肯定地认为，这些孩子的家庭在他们出生以前就受到了市场化生活方式的影响，可能已经市场化了。我记得一个朋友家里的孩子们从小就与家长谈判，每小时家务劳动多少美元报酬。这是朋友主动引入的生活方式，相当西方化。我们甚至不难想象孩子们在出生之前，母亲和父亲之间的关系已经西方化了。那么，孩子们出生之后，他们的情感方式怎样呈现自己呢？一方面母语仍是中文，故而潜在可表达的，是中国的情感方式，另一方面家庭关系早已西方化，与潜在的中国情感方式之间的冲突，可以说每时每刻纠缠着孩子们。所以，这样的中国人很痛苦，因为举手投足、接人待物、洒扫进退，从小习得的行为都是西方的，至少在传统中国的行为里混杂了大量西方的因素。但他们依旧需要表达内在的情感，怎样表达？在临床心理学观察中，这类行为很难稳定。不稳定的行为，表现为病态的。语言承载的文化基因，对母语使用者的行为影响极大。不过，人类的适应能力或学习能力极强。孩子们可能很快就适应了上述的持续冲突，不意识到有冲突。在深层心理分析的视角下，这些冲突其实是被压制到深层意识里去了，迟早会涌现到意识当中，导致心理障碍。不论如何，越是年轻的人，越容易适应西方的文化，包括政治文化。所以，如你刚才表述的，年轻人可能直接接受西方的许多观念，不必经过一个内化或融入到本土情感方式的过程。尽管我很难想象这样的直接嫁接的后果，我仍同意这是一种可能性。我不知道在更深层次如何考虑这些政治观念，但是在表达的层面，我姑且承认你的观察。现在讨论"份儿"这个北京口语词汇，当你说"权力"这个词的时候，你感觉它直接可以激发你的注意力也就是说你的情感，你注意到你在关注与权力相关的各种生活体验，你的记忆里有许多这类私人体验，随时可被你的意识召唤出来。请你注意我的意思，我的意思是，权力这一语词与你的私人体验有关，它对你而言不仅仅是公共的从而不引发情感的。你或许可以回答，这时候你的情感的基本方式是怎样连接到你的家人的？你听懂我意思了吗？比如说这次你母亲到北京看病，你可能会在医院排队，在走廊排队时你可能会见到一些权力更高的人不排队，直接就把他的患者推到你母亲前边去。当然，现在医院都很顾虑这类事情，不敢明目张胆做这类事情。

周濂：但您现在说的是 power 了？

汪丁丁：是 power，你说的是 right？

周濂：您说"份儿"的时候应该是 right 啊？！

汪丁丁：不对，北京人说这个词，更多是指权力，而不是权利。所以，"份儿"在北京话里就是 power。

周濂：啊？！足证我对"份儿"这词是无感的。

汪丁丁：语言感确实是本土的。

周濂：就是太本土了。前段时间张维迎教授曾经在一次发言中提到用天理这个概念指称西方的自然法，这显然是更加本土化的一个表达。但是另一方面是这样的，权力、权利、自由、正义并非相互分离的单独概念，而是彼此相互勾连，形成相对完整的概念体系，能够系统化地解释现代的生活世界。但是像"份儿"这样的语词，就像是散落在各地的珍珠，哪怕它们依旧能够对应我们的某个特殊情感，但是它能否和其他的老词儿串成一个有效的解释系统，对于现代的生活世界是否具备足够的解释力，对此我是有怀疑的。

汪丁丁：我还得追溯到咱们书面交流过的那些议题，但是因为你这个问题我实际上没回答过，我用我自己的语言来表述，感觉更具有逻辑性，我感觉更清晰。其实，在这个时代，中国的和西方的，经过了几十年的改革开放，很可能都编织在一起了。

我们知道，西方的观念体系也陷入到网状的因果关系之中，已经破碎化了，或如利奥塔所说，是碎片化的，是后现代知识状况。只不过中国的知识系统碎片化更严重，因为有西方观念体系内在的冲突，还有本土观念体系的瓦解过程。但是，我们每一个人总是要把自己的新鲜经验（不论是本土的还是来自西方的）嵌入到某些范畴或者概念里边去，黑与不黑，硬与不硬，纯洁与不纯洁……总之，有很多很多的二元划分，在哈耶克《感觉的秩序》的描述里，就是把这个世界逐渐地在脑子里做了分类。每一次新鲜的感受，就放到某一个类里边去。任何两个不同的范畴或观念将经验划分为四个类别，任何三个，划分为八个类别，……N 个不同观念将世界划分为2的 N 次方个类别，生活是开放的，于是 N 在不断增大。这一套开放的观念对世界的范畴过程，我称为观念拓扑。我们每一个人脑子里都有这样一套观念拓扑（参阅我在《经济研究》发表的文章《概念格，知识互补性，塔尔斯基不动点定理》），但是因为经验差异，人与人之间有观念拓扑的差异。胡赛尔试图澄清的"主体间性"，在我的叙述里就是这些观念拓扑的交集。

现在的问题是，对许多中国人而言，有许多新鲜经验找不到语词来概括。也就是说，观念拓扑需要引入新的观念，但是需要一段时间来寻求这些经验的主体间性。如果社会转型太迅速，人们来不及获得新鲜经验的主体间性，又充满了表达这些新鲜经验的冲动，于是就只能自己创造语言，可以认为这些语言都是私人语言。这样的观念分裂症，当然我们中国人远比西方人更严重，虽然，西方也经历着观念分裂症。中国则是很系统地发生了，尤其是转型期的中国人。我们的本土经验和我们现在脑子里的形成的观念拓扑，分裂化了。

顺便提及，大约1993年，我写了一篇文章探讨中国本土社会科学传统的重建，就是怎么用中国话来重新表述中国人的体验，还能合得上我们的西方知识结构，发表在《中国社会科学季刊》上面。但这是很漫长的努力，因为我们的经验在改变，转型期社会的语言也在迅速改变，而且西方的社会科学的观念体系也在改变。于是就很困难，这是中国社会的转型期，同时又是整个世界都在疯狂运转的时期，这时怎样编写一部社会科学大辞典？你的意思似乎是，至少我们可以使用既存的一些社会科学大辞典，这些辞典保持了某种系统性。我的意思是，很难，因为那些辞典都是我们留学西洋带回来的，不能涵盖例如我们在最近十年的新鲜经验。如果我们坚持使用这些辞典呢？那就很可能患失语症，因为没有合适的语词嘛。还有更糟糕的事情，就是不失语，但教条主义，或者用我最近写的一篇文章的标题《经济学的"错置实境"迷途》。所以，唯一的出路是，重建社会科学传统，也就是要经过漫长的努力，寻找本土经验的本土表达。

我在1993年那篇文章里将这一漫长努力分解为四项相互重叠的工作，其一是转述西方的社会科学话语，这是一种翻译工作。其二是向西方人介绍中国的经验，相当于另一种翻译工作。第三是与西方学术界对话，旨在以中国经验修正西方理论。第四，整合中西理论，呈现一种更普适的社会科学话语，所谓普适性，就是说，西方的和中国的，以及印度的或非洲的等等经验，分别都是这套社会科学话语的特例。

周濂：您对于哈耶克"自生自发秩序"的观点一直情有独钟，也曾经在很多地方对塔勒布的《黑天鹅》赞赏有加，但是最近几年科学家对于大数据的研究，似乎表明虽然人类行为看起来是随机的和不可以预测的，但实际上仍旧遵循着某些规律，比如最新出版的巴拉巴西的《爆发》一书中就认为人类行为有93%是可以预测的，在大数据时代我们可以预测未来。您怎么看待科学领域的这一新发展？

汪丁丁：大数据实在不是一种新技术，我最近多次提醒朋友们，大数据从来没有离开以往我们使用的统计学原理，也因此，大数据对行为的预测不可能摆脱统计学原理要求的那些基本条件。有这类案例表明，如果违反统计原理，那么大数据反而误导研究者得到远比小数据的系统偏差更大的结论。人类在日常生活中产生新数据的能力似乎与人类处理大数据的能力成正比，于是永远不能实现真正的无所不包的大数据分析过程。当然，我尊重并认真等待奇点降临。

周濂：国内的经济学家多谈自由、市场、法治，但少谈民主特别是正义，您算是一个特例，尤其是最新出版的这本《新政治经济学讲义》，核心的问题就是正义。我们都知道您一直对哈耶克情有独钟，反复阐发他的"自生自发秩序"，而哈耶克是反对"社会正义"这一提法的。但是另一方面，您也非常推崇奈特和詹姆斯·布坎南等人，后者自称自己的立场和罗尔斯很接近。而关于奈特，您曾经在《丧失了道德基础是伪市场经济》一文中写道："奈特在1929年和1944年两篇论文中说，初始平等的市场交换，因权力配置的微小偏差而逐渐积累不平等交换的权力，最终形成基于财富分配极端不平等状况的交换关系。奈特始终不相信自由市场有能力纠正上述过程，与财富和政治相互勾结所产生的权力相比，交换正义是一种太弱的力量，以致为使社会免遭革命的摧残，有产阶级不得不同意征收累进所得税并对财富征收足够沉重的遗产税。"这段话与罗尔斯的正义理论存在惊人的一致性。我的问题是，您对社会正义的关怀以及对哈耶克理论基础的青睐会不会导致您的理论逻辑存在某种不自洽？对社会正义的关注，会不会让您的立场从古典自由主义向平等自由主义稍稍移动一些？

汪丁丁：奈特是芝加哥学派经济学公认的"伟大导师"，不过，芝加哥学派经济学家大多不认可奈特对市场经济的激烈批判。我每次讲解奈特这篇文章时，为了公平对待我的学生，总要同时讲解斯蒂格勒（与弗里德曼并列为芝加哥学派的两大领袖）对老师奈特的批评。然后，我介绍我自己对斯蒂格勒的批评的批评。事实上，哈耶克和奈特这两人的社会理论，构成一种几乎完备的互补结构，而我的社会理论主要基于这一互补结构，并且由此而形成了我所谓"复杂自由主义"的社会理论。每一理论的生命力都来源于理论的内在紧张。复杂自由主义也不例外，我认为你指出的这种可能存在的不自洽属于这样的内在紧张，这是理论生命力的来源。我的观察是：社会理论的发展永远基于鲜活的生命体验，否则社会理论无从求解它内在的不自洽。

周濂：您在《新政治经济学讲义》的最后附录了《论中国社会基本问题》这篇文章，您认为印度人对于正义的诉求明显不如中国人强烈是因为在印度人的精神生活维度中存在着追求心性自由的传统，您写道："正义问题，在精神生活这一维度，首先表现为信仰自由问题。"我会担心，在没有解决社会正义问题之前，过多强调心性自由，过多地推崇印度人在精神生活维度上的超越和自由，轻则是一种逃避，重则会变相成为不正义制度的变相合谋者。不知您怎么看这个问题？

汪丁丁：你与我视角不同，我似乎更少现实政治的参与感。马歇尔是现代经济学的开创者，他在《经济学原理》第八版导言里说过，人类历史最长远且持久的两种决定力量，其一是宗教的，其二是经济的。我对包括民国初年以来中国历史在内的各国民主化历史的了解让我相信，信仰的力量，甚至唯一地，决定了民主化的顺利与否。况且，追求自由信仰的人必定认同民主化过程而不是去民主化过程。印度民主化的问题似乎在于政府保护公民权益的能力不足，泰国民主化的问题似乎在于主角们尚未获得在领导民众与相互妥协之间平衡的艺术。我再强调一次，英国人用了几百年才养成支撑这套艺术的常识。

周濂：我注意到，您在之前的回答中提到了这样一个表述："每一个人在特定社会情境内，根据理性选择模型，总可以有最适合我们各自扮演的特定角色。"在我看来，这里似乎有莱布尼茨的"预定和谐论"的色彩?

汪丁丁：有一点儿，哈哈，你注意到了这一点，就非常了不起，因为你毕竟，可以说是理论经济学的门外汉。我说的这个命题，只要是西方学院派的经济学家，就会马上想到亚当·斯密的"神的先定和谐秩序"。斯密是否受到莱布尼茨的影响? 这是一个仍在争论的议题。我知道至少三条线索，暗示斯密受到莱布尼茨的影响。其一是他们两人都持有的先定和谐信念。当然，莱布尼茨有著名的单子论和神正论，而斯密较少探讨信仰理论。其二，斯密可能通过休谟与莱布尼茨的思想联系受到莱布尼茨的影响。其三，斯密还可能从他讲授的修辞学与逻辑学课程里受到莱布尼茨的影响。不论如何，目前似乎没有确证表明斯密的先定和谐信念源于莱布尼茨。我更倾向于相信斯密与莱布尼茨都受到罗马晚期斯多亚学派的影响，我们知道，斯多亚或斯多噶学者们认为存在着神的先定和谐秩序。

周濂：这其实是一个形而上学的预设。

汪丁丁：对，但是到斯密那儿就不是了，它就是变成了一个对于神的先定和谐秩序的一种畏惧感，由于有了这种畏惧感，斯密这一代的苏格兰启蒙思想家，故意地不去做任何理论命题的推演，完全是经验主义，苏格兰的经验主义。所以在《国富论》和《道德情操论》里没有一般命题，没有像数理命题那样的一般命题。斯密的著作里只有具体和个别，没有抽象和一般。例如著名的制针业的案例研究，斯密只谈论具体的劳动分工以及这些分工带来的好处。在神的先定和谐秩序之下，斯密认为人类理性其实很渺小，顶多只能领悟大自然的隐秘计划（康德）或神的先定和谐秩序的一个局部。斯密说，每一个理性人就像茫茫大海里的一叶扁舟，根本意识不到大海的整体秩序。这样一种畏惧感，也影响了哈耶克和保守自由主义的传统。我理解的哈耶克传统，不是中国的哈耶克学会理解的哈耶克传统。现在看来，中国的哈耶克学会是某些人赶时髦的产物，与中国目前的其他现象一样。

周濂：如果把这个话题稍微扯远一点，我认为这个传统可以上溯到中世纪晚期的唯名论以及宗教改革，唯名论强调最真实的存在是个体，抽象概念并不真的存在，它们只是人嘴里发出的声音，人们无从把握上帝的理性，而只能服从上帝的意志，而宗教改革中的马丁·路德以及加尔文都反对人有自由意志，主张决定论，认为人类理性无法洞悉宗教所要求的终极真理。我觉得这些观念都构成了后来莱布尼茨、亚当·斯密这一路的思想前提。

汪丁丁：我承认我有不少神秘主义。我受庞嘉勒的影响，我认为历史不是完全决定论的，但也不是完全非决定论的。在历史的非决定因素里面，我感觉神秘性很强。我能够相信这种先定和谐，而我的许多朋友却不能够相信。例如在我们经济学家里，我有一些朋友承受了很艰难的时期，被大众骂得很厉害。那时，他们可能希望我写文章支持他们。可是我的社会定位是要我更多地注意到争论双方各自的合理性以及各自改善的可能性。我呼吁争论各方的思维应当更复杂一些。许多论点，初衷很精彩，但有缺陷，就是过于简单化，以致不能回应更复杂的现实。

十几年来，我关于斯密的神的先定和谐秩序的思考让我相信，每一个人都可以通过他自己的理性找到最适合他的社会位置。我还相信我的这样一种学说很可能优于其他学说，例如一位朋友要求全体朋友都站到他的立场上。那么，如果两位朋友都有这样的要求，我们怎么应对？我不相信我们都表态站队是一种正确的对话方式，或者这一方式仅适合特别简单的社会。这是我的感觉，因为更复杂的思想和对话格局，很可能使社会更稳定。任何简单思维，总是导致社会的两极化思想结构，从而更容易失稳。这是我一直以来的看法，所以我要求尊重每一个人的立场，别人也尊重我自己的复杂的立场，大家就这么争辩或对话，新鲜的生活体验才可能不断表达出来。最后，我认为，一定要信任某种先定的和谐秩序。

周濂：您的立场需要很强的理性以及信仰来支撑，这看起来有些矛盾，因为您一方面接受高度的不确定性和复杂性，另一方面又宣称存在终极的先定和谐秩序。我觉得常人很难接受这种张力，比如说，他们首先就不能忍受高度的复杂性和不确定性，他们本能地想要黑白分明的说法，希望有一个简单而又明白的解释。

汪丁丁：这是最麻烦的事情，大部分人对我的批评就是，又来了丁丁，根本没看懂你说的是什么，不就是自由俩字嘛。昨天胡舒立在财新网转发的我那篇文章《我理解的自由》，我看跟帖的有好几个都是批评我的论证太复杂。其实，我们看陈嘉映的论证，也是相当多面的。我的文字不如嘉映，我的文字很像翻译的，而嘉映的文字很平实易懂。例如他最近在《财新周刊》的专栏文章《不要为自私辩解》，就是复杂思维的例子。我只挑了一个小毛病，他用了一个关键词，经济学思想史早就有记载。

周濂：哪个词？

汪丁丁：他说我们应当把自私换成自利，这就顺畅了。实际上在经济学思想史里，斯密早就区分了这两个词，斯密说 selfishness 是自私，他说人不是这样的，人是 self-interested，就是自利的。不过在香港大学的时候，张五常不加区分。当时张五常写文章常常宣称斯密认为人人自私而无形之手改善人人的福利。他现在写的四卷本《经济解释》纠正了这一失误。我在港大期间也针对他的这一误解发表了一些文章批评他。所以，嘉映那篇文章我比较喜欢。

周濂：我还是要替普通人问一个问题，是否存在把复杂问题简单化的方式？

汪丁丁：复杂的现实，要求复杂思维方式。张五常不加反思就宣称，因为世界复杂所以只能简单思维。孰对孰错？需要放在具体论域里才可辨明。五常教授所论是经济学，我的论域更多是社会科学。经济学不足以解释社会现象，这是很显然的。只在稳态的社会秩序之内，有简化复杂问题的路径可循。民国初期，皇帝没有了，天翻地覆，秩序在哪里？以往据以简化问题的路径消失，于是只好重新探索。可能在宋代稍好？我不知道，我现在想象宋代稍好。人同此心、心同此理。这是陆九渊和朱熹时代的简化路径。其实所有的简单自由主义者，归根结底都认为自由的定义和诉求是基于人同此心、心同此理这一简化路径的。中国人相信的人同此心、心同此理的信条，其实有一个前提，即修身实践，称为心性之学。现在没有多少中国学者甚至记得这一实践前提。梁漱溟在一篇序言里说到了，就是《礼记大学篇伍严两家解说合印叙》。伍先生和严先生是他的两位早年导师，教他《礼记·大学》，教他入门。伍庸伯先生思路和严立三先生的不一样，所以梁先生成名以后就把伍先生和严先生早年讲学时的学生笔记找出来合印。合印，两位先生的思路不一样，但都是讲修身的，古儒修身的法门。合印叙，那个序言写得真是好，我认为梁漱溟这一辈子，8卷本的文集，要说排序的话，第一篇是这篇，其次才是他那三本大书，就是《东西方文化及其哲学》《中国文化要义》《人心与人生》。所以我要求我们教育实验班的学生，一年级"论语初读"就是学梁漱溟先生这篇文章。为什么呢？因为古儒家修身养性和内圣外王的经验，梁先生明确写出来了。按照这一套方法修身养性，才可明心见性，然后才可外化到行为当中，所谓"一任本心"或"从心所欲"。此时，人同此心、心同此理。在古儒家也就是孔子活着的时期的儒家，要像颜回那样"坐忘"，经过这一套身心的训练，去掉心的遮蔽，然后你才回到本心。梁漱溟批评熊十力的时候说熊先生明心见性之后不注意"保任"，于是重新遮蔽了心性。现在的知识分子哪懂这个啊？这是修行的结果，你要修炼出来才可以有简化的路径。如果知识分子都拿中国的文字当西方文字看或研读，我们知道在西方，知与行是分离的，于是很难悟道，很难有古儒简化复杂问题的路径。

周濂：所以您在一篇文章里面说过，我们维护学术规范主旨是为了改善学术共性对具有根本重要问题的敏感性？

汪丁丁：对啊。

周濂：这个表述跟您刚才的说法是直接相关的。

汪丁丁：对，而且我对汪晖的批评，主要是不满意他始终没有谈及对中国社会而言具有根本重要性的问题。

周濂：但问题的关键就在这里啊，对于中国而言，小到学术圈，大到整个中国社会，对于什么是根本重要的问题，我们已经丧失共识了。

汪丁丁：丧失共识，对，当然了，因为没有对话嘛。

周濂：甚至是存在难以调和的冲突。

汪丁丁：回到我反复引述的奈特，也就是老芝加哥学派经济学的总导师，他1942年发表在《伦理学》杂志的那篇文章《科学，哲学与社会过程》。你所说的不可调和或者冲突很大，以致无法形成共识。让我们假设每一个人都有他自己想象中具有根本重要性的中国问题，那么，奈特论述的"governance by discussion（基于讨论的治理）"就是形成共识的前提或基础。他认为一个社会的治理，最理想的形态，不是林肯总统的 government by the people, for the people, of the people（一个民有、民治、民享的政府），而是 government by discussion（基于讨论的政府），而且这里的 discussion 必须是独立于任何外来影响的。这也对应于哈贝马斯的理想对话情境，或对应于康德所说的启蒙就是每一个人勇敢地运用自己的理性作出独立判断。

周濂：您提到基于讨论的政府，从密尔到哈贝马斯再到科斯都认同这个说法，但是在观念的自由市场中，我们常常发现存在着劣币驱逐良币的现象，真理往往不是观念市场的最后胜出者，那么我们为什么还要坚持观念的自由市场呢？

汪丁丁：在引述奈特的理论时，我常常要为"基于讨论的治理"这一陈述增加 free discussion（自由讨论），而不仅仅是讨论。因为在中文里面，讨论可以是在操纵之下的，也可以是意识形态影响下的，或者基于个人喜好的讨论。不过，根据许茨对韦伯思想的阐释，建构社会理论的时候，为了保持观念对生活世界各种意义的敏感性，韦伯提出"理想型"这一方法。根据斯蒂格勒的回忆，奈特在芝加哥大学主持过韦伯讲座。可见奈特十分熟悉韦伯思想及韦伯方法。因此，我们不妨相信奈特提出的"社会过程"或"基于自由讨论的社会治理"，也是一种韦伯式的理想类型。凡是参照现实世界问题的时候，我们总是要回到这种理想类型。因为现实世界的情况偏离了理想型，我们才可能看到差距并寻求改善的路径。如果没有理想型（总是与我们生活的意义相关切的），我们就找不到努力的方向。哈贝马斯也因建构了一种理想类型而广受批评——批评者认为他太理想化了，"ideal speech situation"。

周濂：理想的言说情境。

汪丁丁：对、对，是这样。我最近见到一篇博士论文。作者是罗马尼亚2008年的新科博士，名字很难发音，于是我也没有记住，大约是 Rohack，音译就是罗哈克博士。罗哈克在博士论文里比较研究了哈贝马斯和奈特之间的思想联系，潜在的或明确的。他认为，这两位思想家一脉相承。而且因为奈特是活跃于1910年代的学者而哈贝马斯活跃的年代比奈特晚了三十多年，所以，他认为哈贝马斯肯定是受了奈特的思想影响，虽然，他找不到证据表明哈贝马斯读过奈特的文章。只不过哈贝马斯年轻时担任过德国两位行为学大师

中国问题的复杂性——与周濂对话

级人物的助教或助研，其中一位似乎读过或引用过奈特的文章。如果我们姑且不考虑中国的对话情境是否远离哈贝马斯的理想对话情境，回到你刚才的描述，就是说，大部分在中国已经发出声音而且被广泛倾听的那些知识分子，他们其实并没有提出自己想象的中国社会基本问题。我在其他文章里说过，转型期的中国社会不同于西方的稳态社会，它的一个突出特征就是精英群体无法承担自己的社会职能。因为转型期，而且是激烈转型期，基本秩序和核心价值观出了问题，教育也存在问题，所以"精英失灵"。我们称之为精英失灵，与市场失灵和政府失灵并列。精英失灵的结果是很危险的，例如《南风窗》最近有一期，可能是4月期的，纪念第一次世界大战百周年，就是1914-2014。这组封面文章，其中之一的标题，大致是"当精英失灵的时候"或者说"当精英失败的时候"，于是发生了第一次世界大战。其实，这是一个普遍命题的特例。梯利2007年发表了两本著作，尽管第二年他就去世了。在2007年的两本书里，有一本书的标题是《政治抗争》(*Political Contention*)。在这本书里，他特别画了一张图，揭示了政治抗争的边界。如果政治抗争的激烈程度超过了边界，那么一些偶然因素可能使社会突然进入崩溃或解体的范围，例如发生第一次世界大战，或者内战和外族入侵。总之，政治表达的方式是战争而不是街头运动或自由对话。为什么呢？因为精英失灵。这一群体的社会职能是沟通社会各阶层的利益与观念的冲突。中国社会稳定了两千年，因为保持了绅权与皇权之间的沟通以及绅权与乡土草根层的沟通。所以当精英在转型期社会不再履行他的职能时，不仅社会失稳而且精英群体丧失了感受社会重要问题的能力，至少不再敏感。

我们知道，中国有过至少三次关于中国社会性质的讨论或辩论。那时，参与讨论的中国人都试图通过讨论达成某种共识，就是找到中国社会的基本问题。例如，农民问题和土地问题，然后才有共产党领导的"土地革命战争"。当然，中国社会基本问题，可能有许多人不赞成，很多反对的意见现在查文献能找到，当时有很多不同声音，执政党认为这是中国革命首先要解决的问题。革命战争的后期继续"搞土改"，一直延续到夺取全国政权以后。政治学的精英定义是，控制着政治资源的群体。假如一群精英关于基本问题达成共识并动员政治资源去求解基本问题，假如社会状况因此而得到改善，我们就说这个社会的精英群体没有失灵。土地革命以及土地改革，是否解决了中国社会的基本问题？我们可以继续讨论和评价。不论如何，一个社会的精英不失灵，需要同时满足三项条件：其一是保持对重要问题的敏感性；其二是有能力通过对话达成共识，不必达成全体一致的同意，此处共识的程度旨在动员足够的政治资源以求解达成共识的基本问题；其三是求解基本问题确实缓解或改善了社会状况从而不致发生社会革命。反之，若上列三项条件的任何一项不能保持，就是精英失灵了。可见精英不失灵是很难的，于是要有足够高的纵向流动性。测度一个社会的纵向流动性，我们主要考察它的下层成员向着上层流动的速度和规模。四十多年前，诺贝尔经济学家阿罗写过一本关于组织及其限度的文集，他在那里提出一项原理或任何社会组织的基本问题。我大致描述阿罗提出的这一原理，可列出三项命题。其一，任何组织必有科层结构。其二，科层结构较低层次的成员拥有较丰富的信息而较高层次的成员拥有较大的决策权。其三，存在最佳的科层结构使得信息因自下而上流动而失真导致的成本，与决策因自上而下传递而导致的执行成本，二者之间在边际上相等。我常说，阿罗的贡献绝非若干次诺贝尔奖可以覆盖的。刚才介绍的这一原理，值得单独颁发诺贝尔奖，姑且称为组织学基本定理。在转型期社会，精英很容易失灵。根据阿罗组织学基本定理，我们若希望中国转型期保持和平稳定的推进，也就是希望通过持续的改良而过渡到一个更好的稳态社会，我们就应改善社会的纵向流动性。许多在较低层级的社会成员，因为有更丰富的信息并且对重要问题有敏感性，于是能够提出重要的问题。关键是他们的声音被遮蔽了，因为不是精英。这些人，我称为具有精英意识的社会成员。精英意识与话语权相匹配的人，才是精英。这是中国转型期社会最不同于西方稳态社会的，我称为"转型期社会首要特征"的转型期性质。

我坚持与胡舒立团队合作，主旨就是要寻求精英意识与话语权的重新匹配，我们努力要吸引更多优秀且年轻的作者。另一方面，我主持的教育实验，从本科生到博士生，已六年，我们努力要培养有批判性思考能力和跨学科问题求解能力的教师和学生。以往的应试教育很难培养有上列两种能力的人，可是没有这两种能力就很难感受并求解那些具有根本重要性的问题。我们周围有话语权的那些人，他们感受到的是中国问题吗？一般而言，留学西洋回来的人，我是说那些优秀的，他们更习惯感受的是西方问题，因为中国学术早已沦为西方学术殖民地，所以他们回国之后继续研究并发表，也能获得体制内的科研经费。而那些不是留洋的学者呢，他们当中许多人研究的其实是古人的问题。这两大趋势联合，我讥讽为"贪古求洋"。我认为在经济学界，周其仁能感受到中国问题，因为他始终都在中国奔走调查，也出国调查，为了借鉴对比。而且，他有一套早期在杜老那里训练出来的对中国问题的直觉。敏感性比直觉更弱，例如我，只能说具有理论敏感性，更夸张一些就是理论直觉。最近《南方人物周刊》封面人物写了其仁的早期训练和后来的经历，我的感觉，夸张一些，似乎只有他一个人能让我相信中国社会还有重要问题，而且被他感受到，而且被他精彩地表达出来，能产生广泛共鸣（达成共识）。回应你的问题，总之，我最深切的感受就是咱们转型期的知识分子对重要问题几乎没有敏感性。导致了这一后果的原因很多，前面概要列举了。现在我要强调一项，就是中国传统社会的官僚化和中国传统政治的官僚化。要知道，在过去的两千年里，我们有官僚政治，但社会还算有活力，延续至今。其实，每一次改朝换代之后，社会和政治的官僚化程度就会减少许多。这是韦伯早就刻画过的现象，即人类社会在奇理斯玛权威与官僚化日常治理之间的循环。民国初年至1950年代，中国社会并没有官僚化。但是后来，情况发生了一些变化。在我理解的韦伯政治社会学视角下，政治官僚化扩展为社会官僚化，预示着社会的解体。

周濂：您能解释一下社会官僚化的具体意思吗？

汪丁丁：简单而言就是没有一个社会成员不想官僚化，因为它的特征就是学校里边的经费、人的情感、人的家庭、评职称、买房子、孩子受教育等，都与是不是在官僚体制之内有关系。我还希望描述我们更深层次的社会官僚化，不是简而言之，而是深而言之。就是，借用德鲁克的描述，知识的官僚化。最初，知识是植根于生活的，是我们生命体验的一种表达。随着教育的官僚化和科研的官僚化，以及社会各方面的官僚化，最终，可以说是官僚化的最后阶段，就是知识的官僚化。在这一阶段，人们学习的各种知识——任何知识都可以排列为陈述句而每一陈述句的知识核心是若干观念或概念，这些观念不再与任何生活情境联系着而是与其他观念联系着。从学生到老人，几代人教育失败的结果，全部知识只不过是许多相互纠缠相互定义的观念。这时，人们很自然地借助这些相互定义的观念来想象真实世界，于是普遍发生怀特海说的"错置实境"谬误。

周濂：在您看来，这种趋势已经渗入到社会的毛细血管、方方面面了？

汪丁丁：当然，这个表述是不是真确切，可以继续斟酌。我想说，从上到下，这些年我看到的就是我称为"普遍的官僚化"这种现象。整个社会，从看门的到卖票的，每一个人都试图把他的权力变现成为他自己的收入。关键是，少数恪守底线的人，不愿意将自己的权力转为现金，很可能无法生存。官僚化的行为，韦伯说，effort minimizing，翻译过来，就是"努力最小化"，这是官僚的行为方式。某天晚间我和妻子在我们住所附近散步，走进哈根达斯，吃冰激凌，那时只有我们两名顾客，我坐下立即意识到我坐的椅子摇摇欲坠快要散架了，于是与邻桌的椅子交换。然后，我多次提醒一名男服务生，说要尽快更换这张椅子，否则可能惹祸。最后，他笑着对我说他是大学生来实习的不管这些事情。依我看，这就是中国社会官僚化的特征。统计显著地，社会成员遵循的是这种努力最小化的行为方式。可是如果知识分子，如果承担着精英职能的人，他们也努力最小化，他们就不可能像周其仁那样去感受真正重要的问题。周其仁的描述是，这些人做调研的时候，脑子里只在想什么是上边希望有的调查结论。他要升官，要努力最小化，如果不得不跑一趟农村，理性的行为就是尽快看到上级最希望看到的现象或问题。

周濂：您说的"努力最小化"我特别有感触，现在好多学生写论文的宗旨就是努力最小化，凡是他看过的论文、写过的笔记都必须体现在文章中，也不管是否适用，否则他就认为自己在做无用功，我常常和学生说，你写一篇3万字的论文可能要读300万字的东西，做30万字的笔记，才有可能写出来。

汪丁丁：就是他不是为了解决问题而学习，他是为了应试教育的考试和文凭而学习。我们培养出来的学生，一代一代都是要用最小的努力拿到必须的文凭。社会的官僚化，在一个官僚化的社会里，还有没有人愿意去感受重要的问题？那么，这个社会怎能延续呢？

周濂：面对此情此景，有什么好的应对之策呢？

汪丁丁：我是悲观的，所以只能做我目前仍在坚持做的跨学科教育实验。或许我连这样的事情也坚持不下去，因为教育的改变，首先要说服学生家长而不是学生。更彻底的路线，这样的说服工作应当从幼儿园开始，就是从母亲开始，从女性开始，办女学，改变中国的教育。

周濂：您曾经说过，决定人类历史的最长远和最持久的力量，一个是宗教一个是经济。很显然，面对社会官僚化的问题，经济的力量肯定是很有限的，它甚至可能就是问题的一部分而不是问题的解决者，是这样吗？

汪丁丁：此处，我还是想引述苏格兰启蒙思想家们一直强调的所谓"civilizing influence of the economy"（经济的文明化影响），在斯密的时代，这句话的意思主要是说经济活动可以减少战争，因为贸易与战争是不相容的，而贸易给双方带来的福利改善，通常的作用就是双方都不愿意有战争。这就是经济的文明化影响了。那么，在发生冲突的时候，双方更多采取谈判方式而不是暴力方式。理性的人，总是这样解决问题的。几年前，在北京大学我主持的跨学科人文与社会系列讲座，王焱对苏格兰启蒙学派有一个很中肯的评论，我在其他文章里几次引述。王焱的评论大致而言是说，英美思想传统，包括苏格兰启蒙思想传统，与欧陆思想传统相比，明显缺失了古典政治的维度。大约因为英美社会始终被认为是欧洲的"经济动物"，也就是说，英美社会的风气不是政治的而是经济的，长久而言，遮蔽了西方原有的古希腊政治生活的维度。王焱的这一评论，我反复琢磨了几年，越来越觉得他的评论有理。我的生活感受是，我们中国社会在很长时间里，可能在两千年里，始终就是经济动物，始终没有古希腊那样的政治维度。这里，我仍希望对读者更公平一些，不能只讲一方面的事情，要尽量讲各方面的事情。比王焱的评论早了几十年，那时罗素在中国巡回演说。回去之后，他写了一本小册子，标题是《中国问题》，1922年出版。在这本小册子里，罗素有一个辩解，为中国人的劣根性辩解。他说他在离开中国之前，他的一位著名的中国朋友千叮咛万嘱咐让他回去一定要骂中国人，因为中国人有三大劣根性：贪婪、冷漠和伪善。罗素在小册子里说，现在我列出了我那位著名的中国朋友要求我列出的中国人的劣根性，我已经履行了我对他的承诺，但是接着我要为中国人辩解。根据罗素的辩解，中国的文化传统里长期没有"公共领域"，因为中国人的生活完全是以家庭为本位的，一个中国人，在家庭之外，似乎无所适从也没有任何义务感和责任感，于是很可能表现出冷漠、伪善或懦弱。罗素这一论述，有理。也因此，按照阿伦特对社会与政治的界说，中国人没有阿伦特意义上的社会生活，也没有阿伦特意义上的政治。

周濂：您的意思是，面对中国问题时我们应该寄希望于宗教的因素？

汪丁丁：宗教已经没有了，蔡元培已经看到这个问题。中国人自从孔子以后，就不会再有宗教。所以蔡先生倡导以美育代宗教。美当然是很重要的，不过人们通常要在物质生活这个维度上发展得很充分，例如，三代人都不再愁吃、不再愁穿，衣食无忧、温饱无忧几代人之后，才会转而追求更充分的精神生活。咱们的社会，"05后"这一代人，差不多才算衣食无忧的第三代人，很可能还不算，只算第二代。因为，"85后"是改革后的第一代，改革出生的那一代人，他们的孩子是"05后"，从物质生活的发达，转入到社会情感生活的发达，再转入精神生活的发达。

周濂：所以您才会强调英国人用了几百年才养成这个民主？

汪丁丁：民主，用我的三维空间的表示，是在社会生活与精神社会生活两个维度张成的平面里的，所以有政治，古典政治，比如说你讲授的政治哲学。我们从这个平面里看政治学，其实并不看政治术。不是道术的术而是政治的学，就是在精神生活和社会生活这两个维度之间的平面里。所以，政治，在阿伦特的《人之境况》视角下的政治，要求参与者的情感方式能够发展到有一种政治激情。关于民主政治，从上述的平面里看，与民主政治相适应的情感方式，也只能在实践中逐渐形成。在我2013年发表的《新政治经济学讲义》里，尤其在第五讲附录里，就是西方丢失了两千年的"实践智慧"，我称为"阿伦特－伽达默尔"的实践智慧传统。这样一个传统，不在实践中培养，怎么培养呢？

周濂：所以您这些年一方面谈中国问题，一方面谈人生问题，中国问题是一个公共的问题，人生的问题则是私己的问题。前两天我应邀给中国金融博物馆的朋友写一个短书评，我说您这本《新政治经济学讲义》关注中国问题，其低端的形态是社会正义问题，高端的形态是生活方式和情感方式的冲突，而后面这个问题，我个人判断，对您来说可能更具私己性和紧迫性？

汪丁丁：没错，你可以这么解释，我觉得这倒是很接近我的现实，很接近我这个人的生活状况。

周濂：能不能说对中国问题您持悲观的态度，但是对人生问题其实您目前还挺乐观？

汪丁丁：人生问题的求解之所以允许乐观，是因为它毕竟主要取决于个人努力而不主要取决于社会状况，古人曰"反求诸己"，唐君毅先生也介绍了他的个人经验，很详细，很难得，因为他反求诸己的时代，国难当头，救亡压倒启蒙，几乎没有人可能做到反求诸己。当然，个人努力的效果，我不像梁漱溟先生那样，或熊十力先生那样，早年可以努力修行到"明心见性"的程度，我年轻的时候完全不是现在这个样子生活的。所以我并不知道我是不是能有时间明心见性，但是毕竟这件事取决于我自己的努力嘛。

当然，不仅仅是个人的努力，还取决于受我影响的那些年轻人。我周围当真有一些年轻人做得比我好，就是在心性修养方面比我的实践更深入。我的性情可能很容易吸引更多与我相类的年轻人，时间久了，他们当中就有几位开始凸显出来，很优秀，超常优秀，注意，我的评价准则绝不是应试教育体制的评价准则。我认为这几位的优秀是"超常的"，就意味着他们不仅在中国而且在西方，也难以生存。因为中国，以及在很大程度上的西方，都已经官僚化了嘛。总之，我觉得在人生问题的求解上，现在的年轻人更有潜力走得比我远，所以在这方面我就更乐观一些。

这些"90后"的年轻人，据我观察，似乎在情感方面他们的痛苦或者烦恼远远比我们这些"50后""60后"要多，也可能因为是"独生子女"，我们这些人毕竟还有兄弟姐妹，所以我们的情感生活不是特别依赖于外部。我在北京大学国家发展研究院的夏令营报告里论证过一次，严格说，这些"90后"依照人口代群的心理结构划分，应当是"95后"，这一代群，他们几乎没有兄弟姐妹，是独生子女，情感的维系就在"发小""同学""街坊邻居的孩子"等等，在这样的情感纽带里面又有现代人常见的疏离感，哪怕有兄弟姐妹也常有疏离感。一旦这些发小或同学毕业告别或出国留学，那么在他们相互的情感生活里留下一大块空白，很痛苦，离别痛苦很剧烈。

我的一位学生在微信里写过，说是"情执"，要去除情执，否

中国问题的复杂性——与周濂对话

则就很难继续前行了。我问她这是何意，她解释之后，我明白了，对她而言，同学临走告别引发的就是很严重的问题，以致需要"破情执"。可见，这些孩子的情感生活主要是社会的而不是家庭的。另外，他们的人生道路也和我们的完全不一样，有"考证的"、有"保研的"、有拼命要当公务员的，他们当中的极少数，我刚才介绍的几位，是向内追求的，用他们的语言就是"反观认知"，反观自己的心智生活，这是非常儒家味道的，但是他们用的全是西方语言，是脑科学的语言。他们与同学或同宿舍的学生们几乎是格格不入的。所以，除了刚才介绍的那位女孩子之外，不难想象他们的另一种情感方式，我认为这些超常优秀的学生当中的男孩子更容易有非常内向的，甚至是"社交恐惧的"或"反社会的"情感方式。可见他们情感的方式已经和我们这一代人有了很大的差别，而且不是"代沟"就能解释的，因为代沟常常由外及内，是生活方式和认知方式的差别。而情感方式是由内及外呈现的，而且情感脑的演化阶段远比理性脑更早，情感是理性不能控制的，休谟甚至认为"理性是且只应当是激情的奴隶"。

周濂：说到情感生活，让我想起前段时间读道德心理学家乔纳森·海特的《正义之心》，书中说每个人看到一个事件或者语词都会立刻做出直觉性的判断和情感性的反应，然后才是道德上的推理，这些推理都是为自己的情感反应做的辩白，甚至是事后捏造。我觉得是一个特别好的观察，我们在跟立场相左的人进行道德争辩的时候，常常会发现通过简单的讲事实和摆道理很难说服对方，因为观念的改变必须要辅以情感的改变，而情感的改变是最困难的。福楼拜写过一本小说叫《情感教育》，我常常觉得，我们能否就真正重要的问题达成共识，能否建立一个共同的公共政治文化，情感教育的重要性绝不亚于公共说理的训练。

汪丁丁：对。实际上，阿马蒂亚·森2011年那篇纪念布坎南的文章，就是我反复引用过的那篇文章里，确实没有提及你刚才发表的这段议论。我推测，森并不是一位行为经济学家。可是，你引述的海特教授，他是我在最近两年行为经济学教室里必引的行为经济学家，海特是行为心理学家。你的话题已经涉及罗尔斯最遗憾的那一章，就是他生前试图完成却始终无法写完的这一章，关于"moral sense"（道德感），他的标题是"The Sense of Jus-tice"（正义感）。

周濂：对，罗尔斯在完成《正义论》之后一直想做道德心理学的研究，但因为一直有人在批评《正义论》，而他又是一个很严谨的人，不像诺齐克，写完《无政府、国家与乌托邦》后再也不处理政治哲学问题了，罗尔斯不行，他老老实实地修改完善他的理论，结果终其一生也没有抽出时间去做他最感兴趣的这一部分内容。

汪丁丁：在我的工具箱里，行为经济学这件工具实际上用来研究正义感，也就是社会的情感基础。我接着你刚才引述的海特的观点继续讨论。其实，森在评价布坎南的贡献时用了一个词"cultivation"（熏陶），他认为布坎南的贡献在于坚持营造一种更高级的公共话语，他用了熏陶或培育这个词。他注意到，更高级的公共话语其实只能靠熏陶，如同品味那样，是情感的培育。注意，他没有用"education"（教育），他没有用"forming"（形成），他用的是"cultivation"，就是一点一点像园艺师那样培育。他认为这就是布坎南对公共政治的最重要贡献。布坎南使用的语言，几乎每一个词，我们的学生都能读懂，但整篇文章的意思却很难懂、晦涩，其实只是普通人使用的语言，这就是所谓"cultivation"。我们读布坎南的书，感觉很平淡，没有什么理论创新，也没有激情。有时候，我甚至不愿意引布坎南的著作，因为引来引去都是经济学常识。但是他可以反复地讲解经济学基本原理在公共政策领域里的应用，如他所言，经济学家的社会职能其实只是教育民众。这样一种熏陶的方式，再配合着什么呢？我认为，就是"社会事件"的配合。比如说"孙志刚事件"，那是公共领域里的事件，它激活了很多人的情感，公众的、知识界的，还有盲流的、知青的、农民工的，总之是在城里流动的那些人。在这一事件的场域里，可能有一些知识分子，例如广州美院的艾教授，积极参与并获取了奥尔森所说的"选择性激励"。根据奥尔森的理解，民主的悖论在于它不像政治寡头的结盟，后者是参与的人数越少每个人瓜分的好处就越多，民主的前提就是要人多才好，才称为民主。可是人越多，免费搭车的比例就越高，于是积极参与民主政治的人的比例就越小。奥尔森的观察是，在民主政治中存在着"selective incentives"（选择性激励）。在这一场域里，有一些人如同政治的企业家那样行动。而激励他们行动的，就是"选择性激励"。个人名誉或社会资本，或场域里存在的任何形态的存量（故而有后续效应），都可以成为选择性激励，只要这些激励对政治行动的组织者而言确实是激励。这些人开始行动，他们有能力动员更多的人参与进来。

梯利的研究表明，民主化总是通过社会实践者在现场（场域之内）的表演实现或推进的。这些社会实践者通常有一些可供表演的剧本，而且通常在一个场域里出现不同的表演者，每一名演员代表一些利益群体，从政客到志愿者，这是我描述过的"社会博弈"。在微观层面的演员里面，没有人有时间和激励去想象或预测未来的结局。抗争政治的场景，通常很紧迫，一环套一环，如同戏剧一般紧迫地展开自己要表演的那一部分剧本。事后分析，当时为什么不从容一些呢？对不起，政治是激情表演，很难有可以从容思考的时间。

我们回顾近代历史，有从容的时间吗？民主化与反民主化的纠缠就是这样一个环节一个环节紧迫发生的过程，而且没有谁能够控制结局。在奈特的理论里，这就是"社会过程"，民主化是社会过程的特例。梯利的欧洲民主案例分析，其实也可运用到中国、印度和拉美各国。他绘制了许多图，对我理解政治转型的可能路径很有帮助。在奥尔森的理论里，每一个环节总要有一些角色为了个人的名利地位去发现奥尔森定义的"selective incentives"，然后去获取这些激励，由此必须动员更多的人参与进来。于是，天下的利益和自己的利益，有了重合点。推动了前面的环节之后，后面的环节有了更多其他角色来推动，这就成为"公共领域"，在这里，没有谁有能力操纵或控制这一过程的最终结局。

只要存在选择性激励，就会有这样一些政治企业家发现并获取这些激励，这些政治企业家有能力将原本不构成社会事件的日常生活事件变成社会事件，也就是引发公众关注的事件，然后成为社会运动，一个环节一个环节紧迫展开，很少有时间为自己留回旋余地，也因此承受考验成为政治领袖。

这样的一个过程，是奥尔森描述的通例。在这样的奥尔森视角下，中国是有希望的。

我觉得情感方式是政治的社会基础，我将来可能需要论证这一观点。但是你刚刚提到的事情又引出我一个悲观看法，如前述，我因为参与教育实验，在教育实验的领域里就特别悲观。因为以往教育的失败，其实主要是家长的教育失败了。家长的教育若失败了一代人还可以挽救，但是恐怕我们的教育失败了至少三代人，这就意味着几代人的情感方式出现了严重问题。

那么，人文精神呢？对生命和历史是否保持敬畏感呢？三代人的时间，在人文方面没有了"熏陶"，所以我们的政治语言就有别于森赞美布坎南的那样一种高级语言。

周濂：乔纳森·海特列出六种作为道德基础的直觉，它们分别是：1，关爱／伤害；2，自由／压迫；3，公平／欺骗；4，忠诚／欺骗；5，权威／颠覆；6，神圣／堕落。我个人认为前三类道德基础在中国都缺乏必要的情感教育。整个社会环境缺乏对弱者的同情，对自由和公平正义的追求。

汪丁丁：休谟认为有两种"元情感"，源于人类同情心的运用。当我们同情共感的是他人的悲惨遭遇时，我们就有了正义感。如你所言，同情心消失或淡漠，基本的情感教育长期缺失，谈何运用同情心呢？

周濂：所以在这个意义上说，如果说中国存在什么问题，我认为归根结底是我们的情感教育存在缺陷。

汪丁丁：同意。罗尔斯视角，如果我们的公众没有 sense of

justice，当然就不会诉求 political justice（政治正义）。

周濂：我觉得中国人是有一部分的正义感的。罗尔斯说到正义感的能力时，强调的是公民有理解、运用并且遵守抽象的正义原则的能力，中国人虽然对正义原则仍旧没有全体一致的同意，但是对于什么是正义则多少是有理解的，真正缺乏的是应用和遵守正义原则的能力，后两种能力的培养我觉得是非常非常漫长的过程，它既包括制度的建设，也包括个人的心性培养。

汪丁丁：这一议题或可能性，我认为涉及两个方面。首先，是我们中国的政治文化。我为新政治经济学研究班讲解过刘瑜的导师安德鲁·内森（黎安友）和史天健的一篇调查报告，后来在我的《新政治经济学讲义》里也引述了他们这篇文章，是关于中国传统政治文化与现代民主政治是否相容的问卷调查。在那篇文章里，这两位作者报告了一个很突出的中国现象，他们称之为"特殊主义情结"，意思是，我们每一个中国人都明白中国社会存在不公正，但是我们自己不想组织或参加任何旨在改善不公正社会状况的集体行动。因为，例如他认识某一国家领导人的表亲或老乡，然后，通过这些关系，他可以改善自己的物质生活或社会地位。于是，他不再感到在情感上有多大折磨。这类现象在西方社会也有，英文口语是"my in-laws"（我妻子的关系），而且基于这类裙带关系的市场经济，我们称为"裙带资本主义"。在中国的政治文化调查中，黎安友和史天健发现，统计显著地，中国人缺乏"普遍主义"的政治情感。换句话说，康德的普遍主义论证对中国人没有多少鼓动性。中国人的特殊主义情结，我在《新政治经济学讲义》里试图探讨它的来源。我每次谈

中国问题的复杂性——与周濂对话

到这一议题，就想到王元化先生反复纠正我的这一表达，他认为最好不要说中国人有某种"劣根性"或者"国民性"，因为这些性质都是可以变化的，取决于社会制度。他提醒我多次，不要以"民族性"大做文章。所以每次我引述这篇调查报告之后，我还必须补充引述王元化先生的这一提醒。为了对学生公平，我们不要把民族性或政治文化的性质视为不变的因素。

第二个方面就是正义感的社会演化的起源。我们现在确实知道，正义是有原始情感基础的。灵长类社会里面已经有正义感。例如，权力最集中的社会是黑猩猩社会，每一群体只允许有一头雄性，其他年轻的雄性只要反抗失败就被逐出群体。阿西莫格鲁2005年那本著作里有一张插图是关于各国民主政治可能的发展路径的，那张图的横轴是民众的发展机会被剥夺的程度，纵轴是统治者压制民主的成本。如果压制成本足够低，统治者就永远要压制民主诉求，于是民众发展的机会就永远被剥夺。不过，各国的历史经验表明，压制成本可能很高（例如英国），于是贵族同意让民众分享权力。黑猩猩的群体里，年轻的雄性常常打败统治者，于是成为新的统治者。那么群体里的其他成员，也就是雌性猩猩，她们显然支持胜出的年轻猩猩，这就是"原始正义"，有利于物种繁衍。与原始正义相应的，是原始的正义感。

我在2013年发表的《新政治经济学讲义》里没有来得及介绍的另一个研究领域，是所谓"行为政治哲学"，专门观察和研究动物的集体行动，然后试图借鉴到人类社会。回到你的话题，我们中国人虽然统计显著地有特殊主义情结，但是我们中国人也统计显著地有原始正义感。例如，最近这些年发生的"医患纠纷"。十年前我写文章分析过这类现象，我心里有一个大致的行为学模型。

周濂：我们终于回到了今天的核心论题，就是您一再强调的由内及外的情感方式和由外及内的生活方式之间的冲突。这种情感方式和生活方式之间的冲突张力反映在我们的社会、政治、经济、语言、概念等方方面面。我读您纪念布坎南的文章，里面提到"布坎南长期努力于陶冶一种更复杂的从而可以超越冲突的话语品位"。这是不是也是您一直以来的自我期许？

汪丁丁：正是这样。我和胡舒立团队多年来的密切合作，也是基于这样一种共识。我要强调，布坎南的努力很大程度上需要媒体的帮助，因为只有在公共领域里，超越冲突的话语才有意义。布坎南是奈特的学生。如果我自己有一套社会理论的话，不仅仅是关于中国社会的，而且是关于任何一个社会的，那么我的一般社会理论的表达形式，它的塑造过程中影响最大的只有两个人，一个是哈耶克、一个是奈特。哈耶克过分保守主义的部分恰好可以被奈特的加以修正。你刚才说奈特的一些思想与罗尔斯的一些思想惊人接近，我也这样认为。哈耶克与奈特构成的这种互补系统，可以说有内在的且无法化解的冲突，这是一个复杂的思想体系。我认为，只有双子座的人愿意带着它前行。

中国转型的可能性及其道路 [1]

刘彦：咱们设一个主题，因为我看了您的书，还有网上的访谈，我觉得内容太多了，太泛了。如果真要采访您，十个小时也说不完。那就不妨设定一个我感兴趣的题目：中国转型的条件及其可能性，以及在可能性基础上的转型方式。

汪丁丁：你的问题已经界定得挺清楚，但是我自己也没有一个很清楚的看法。

刘彦：没关系啊，就是因为我读了您的《行为经济学讲义》，我觉得您不妨用行为经济学的思维方式或者是这样一种视角，放在演化当中去看这个问题。这个问题的确很复杂，就是因为它复杂，没有任何一个单个的学科可以解决这个问题。但是我看了您的《行为经济学讲义》，觉得至少有了一点点可能性。

汪丁丁：其实你现在问的问题，更适合我的另一个讲义《新政治经济学讲义》。因为这是双子课程，行为经济学是本科生的课程，新政治经济学是研究生的课程。（刘彦：那个还没出是吧？）讲了十年了还没有出，没有时间，因为还没有考虑成熟。其实你讲的中国

1　本文为2011年10月27日，汪丁丁接受《中国新闻周刊》记者刘彦专访全文。

社会转型，是属于新政治经济学的问题。转型问题，其实是一个社会制度的选择问题，所以首先是一个公共选择，或者是社会选择（集体选择）。它是一个选择的过程。你提的问题已经界定得比较完整，只是比较宽泛。

它不是可能不可能的问题，中国社会转型至少已经持续三百年了，在这三百年里很难说哪一段是关键性的阶段。因为一个转型过程如果持续几百年，一定有最关键的一些历史时刻。在《新政治经济学讲义》里，我会经常引用的一些研究报告，比如阿西马格鲁（Daron Acemoglu）的现代化转型的统计数据，他是纯粹从西方——因为现在世界上的280多个国家地区，中国是一个例外，但是大部分国家都纳入了西方的所谓经济发展和政治民主的双向的同样过程，平行发展的过程，所以阿西马格鲁的统计数据都是从常态里面收集起来（各国）——发现经济增长，人均收入增长未必会带来民主化指标的增长。如果纵轴是国际公认的民主化指标、人权、透明度，横轴是人均GDP的对数，那么这条曲线显示，在人均收入达到某一个水平时出现了分叉，一个国家可能向上进入民主化进程，也可能向下转入独裁化的进程，例如拉丁美洲在一个时期内占据主导的"考迪罗"制度。但是向下的过程是一个死胡同，因为人均收入最高的那些国家都在向上的分支上，而底下这一条分支走到一半就停了，没有样本了。这就是阿西马格鲁这位麻省理工学院（MIT）的学术明星2005年著作确立的一项特征事实。

中国社会转型可能正面临一个关键的历史时刻，按照阿西马格鲁的这一套统计数据，中国现在面临关键的分叉点——在这一点附近人均 GDP 的对数差不多就是现在这五年中国的水平。在这个分叉点,中国是向上还是向下?经济史和阿西马格鲁本人的研究显示,在这样的三岔路口,社会演化路径依赖于很多偶然因素:比如政治领导人的个人因素等等,也可能,一些偶然事件将社会诱导到其他的道路上,关键性的小概率事件就是黑天鹅事件。所以,现在是一个非常关键的时刻,这是从统计数据来看。

但是中国历史还有它自己的"三部曲"(政治 – 经济 – 文化),比如从明清以来的转型期。当然我们说最重要的一个阶段是1911年,就是辛亥革命,因为那是废除皇权,是天大的事件。熟悉的这段历史的读者知道,在废止皇权之前很久,比如在"洋务运动"的时候,就已经酝酿着转型了。转型的关键时刻就是在1911、1910年前后。我曾经说过三重转型:即文化转型、政治转型和经济转型,我们现在赶上这三重转型的重合期。文化转型的关键时期,可能不是1911年,可能是宋明理学时期,甚至可能是魏晋时代,各家有各家的道理,很多学者都讨论过;文化转型不是辛亥的关键,辛亥革命是中国政治转型的一个关键时期。经济转型的关键时期是刚刚过去的三十年或二十年,人均 GDP 在过去三十年增长最快。

这三种转型都在进行,到目前,咱们这一代人的时候,它到了一个三叉路口,往上走还是往下走?

刘彦:我是乐观主义,我跟陈幽泓(中国人民大学行政学院教授)打了个赌,我说五年以内会出现大变化,她不信。

汪丁丁:所以"转型"很可能在两个可能的方向上,依赖于"社会选择"的集结方式。中国有四次宪法运动,这是指1949年以前。

1949年以前的宪政为什么不能成功呢？中国台湾的学者发表了许多很有力量的研究，比如张朋园老先生[1]，此外还有很多。从他们的研究报告来看，现在搁置了一个更重要的问题，就是什么是民主化。当然你可以说"民主化指标"是透明国际度量出来的，或者是一些"专家指标"。可是什么是"中国的民主化"？这就存在很多争议啦。比如秋风转向儒家，是有一些道理的。虽然他不是学院派故而缺乏学术合法性，你可以批评他，但他有一定的理由。（刘彦：向传统要自由？）钱穆早就说过了，他早就认为传统中国是有个人自由的。我不能简单接受钱穆的见解，我前几年写过一篇文章，是在《新政治经济学评论》上发表的，我说所有这些重要概念"自由""民主""效率""正义"等等，都需要在中国语境里加以界定。我那篇文章的标题只说"民主"概念，标题是《民主及其文化表达》。民主是一个"观念"，连一个"概念"还都算不上，从西方来即所谓"德先生"，已经快一百多年了，没有找到本土化的表达，我们不知道本土文化的民主诉求表达成政治口号是什么。它是一套程序，民主是一套程序，中国过去一百年没有喘息的时间。老百姓不懂民主你怎么让他民主呢？我说孙中山在《建国方略》里提到这事儿，先是军政，然后训政，然后再宪政，他没有时间施行训政就死了，然后就是内战，然后就是抗日战争，然后就进入了一系列的文化和思想的运动，然后

1　海内外知名历史学家，曾任台湾"中研院"近代史所研究员、所长，台湾师范大学历史系教授。着有《梁启超与清季革命》《立宪派与辛亥革命》《梁启超与民国政治》《中国现代化的区域研究：湖南省》《知识分子与近代中国的现代化》《中国民主政治的困境，1909—1949：晚清以来历届议会选举述论》等。

中国转型的可能性及其道路

就到今天了。所以，中国人民没有机会学习民主——孙中山一百年前设想的，一直没有机会实践。别看过了一百年，人们仍然需要时间来学习民主生活。当然，必须要在水中学习，你得在水中学会游泳。这个争论一直就有，知识分子一直都争论，所以我说知识分子一直都是旁观者。他们根本不知道社会实践是怎么一个过程，只能说"民主不行，现在还不是时机"。你怎么知道不是时机啊？制度是涌现出来的，涌现，就得让人们实践啊，给它机会嘛，否则怎么涌现？有了大量的实践机会，本土化的民主制度就能涌现出来。一套好的制度，它是与其他许多制度在实践中互相竞争，才表现为"好的"制度。否则，我们怎么知道？难道可能设计出来吗？

刘彦：咱们插一个问题吧，"人类的设计往往是要失败的"，不知道您同不同意说这个话题？

汪丁丁：因为你是哈耶克学会的，你们应该熟悉哈耶克的思路，就是这个意思。我的民主、自由还有人权等等的本土表达，其实就是接着哈耶克关于传统的思路讲的。

刘彦：我下面其实是分几个内容，我想先向您请教一下，市场经济的道德条件。因为之前您说得很多，但是最近因为"小悦悦事件"，这是一个新闻类的事件，所以我觉得可以谈谈，道德的条件以及对道德这个词的定义，还有道德基础怎么恢复。

汪丁丁：1994年的时候，我在香港大学教书，吴敬琏当时访问香港，向我约过一篇稿子，就是谈市场经济的道德基础。我当时澄清过"道德"这个概念——因为我们用"道德"这个语词，是中国式的，这当然是有点中国的本土表达，但是不确切——不是康德意义上的道德。我发现一个很好的趋势就是，2009年以来，桑德尔（Michael J. Sandel）在哈佛的公开课，关于正义的那个课程，网易翻译成中文字幕以后，在大学里面非常流行。几乎所有的大学生都听过，都看过这个视频。（刘彦：我看过。）不过，很多学生并不认真看，甚至觉得他的演讲没有意思。实际上，这是一套深入浅出的非常优秀的教材。（刘彦：我们去年给他颁发了"中国影响力人物"，他很高兴领了个奖，来了趟中国。）他真的是一位名师，能很好地调动那所大礼堂里几百名学生的情绪和注意力，那些学生也非常优秀。这就已经转到了我们今天的话题上，桑德尔在他的第六讲里，着重向学生们澄清什么是"Morality"（道德），就是康德"义务论"的那一套见解。国内谈的道德，因为中国传统文化中所谈的道德，至少流传到今天的部分大多，是后果主义（Consequentialism）的，它不是义务论（Deontology）的。但是很难说，因为按照出土的竹简，包括郭店楚简，还有上博楚简，很可能我们知道的孔子学说不完整，甚至在孔子之前，有过一段时间，那段时期的儒家，他们是有康德的义务论的道德学说的，只不过失传了而已。（刘彦：现在有没有考证出来？）出土的文物正在恢复。郭店和上博出土，都是1990年代以后的事情，所以古代儒家真的学说还在发现的过程中，现在先不谈。先说流传到今天的中国传统里影响最大的是后果主义的道德观，这就暗合了英美传统的道德观，它是功利主义的——这就是桑德尔在前五讲中论证的，直到康德以后，出现了一种对立。所以这套视频应当反复看，变成西方抽象的理念的中国本土化的过程，因为它问"该如何做是好？"，这个副标题非常重要，都是现实

中国转型的可能性及其道路

世界里的例子。

道德概念是可以澄清的。澄清概念本身没有什么意义。关键是翻译，有一个本土化的过程。同时，英美思想传统的情感学派道德学说的一个优势，这也是中国的哈耶克学会和我发生冲突的理论出发点。其实我很早就知道，我们这一代人早就知道欧陆传统和英美传统在集权制度上是有不同态度的。欧陆传统更容易导致集权，因为有康德学说，康德的义务论很容易导致集权——可以说与集权有"家族亲缘性"。（刘彦：现在有人指责秋风，就是这样。）但是英美思想传统里的道德哲学呢，用布坎南的说法，在《自由的限度》里说的，是一人一票的民主——如果这群人通过例如"少数服从多数"这种民主原则集结出来了一个社会制度，你尽可对此批评——但是，布坎南说那就是"最好的"。这里，没有康德意义上的最好，布坎南不同意由柏拉图的"哲人王"告诉人民什么是"美好生活"，柏拉图的思路影响了康德。这群实行"一人一票"民主制度的人，能够达到怎样的文明高度，完全取决于他们自己——这就是布坎南的基本立场：彻底的契约主义和方法论个人主义。

刘彦：休谟提到的共同观念属不属于这个层面呢？

汪丁丁：在休谟的效用理论里，这是一个很重要的观念，就是所谓 utility。后来才导致个人主义的功利主义，在休谟那个时代，功利主义其实是社区主义。但是经验主义传统里面很好的部分，就是它强调你不要来教育民众应该怎么生活，让他们自己投票决定应该怎么生活——这样就暗合了哈耶克的自发秩序理论；从这个自发秩序中，可以涌现出好的传统、好的秩序。布坎南为什么更接近罗尔斯呢？因为哈耶克太盲目，在对待传统方面，万一传统特别糟糕呢？就需要修改。（刘彦：这个问题，我也问过刘业进，我说数目量最大，蚂蚁的数目量也很大，怎么测量？演化最后就去价值了，没有一个价值的支点。）所以现在谈到道德问题的时候，实际上未解的问题是应用的问题。实际上存在着两个原则，一个是康德的原则，一个是休谟的原则，桑德尔的演讲里已经说得很清楚了，怎么解？其实第六讲里提到的"不能撒谎"，康德的原则受到了康德自己例子的挑战：一个凶手敲你们家门，问你的朋友是不是藏在壁橱里。你说真话吗？不说真话对吧？当然我们都知道这个案例，它是康德道德哲学在日常生活中显得很苍白的一面。桑德尔试图为康德辩解，因为在课堂上满场都有回应，他调动了现场一些学生的回答。桑德尔指出来，你可以用误导凶手搜索方向的真话来应付这个道德危机。但其实这是不行的，因为你的动机已经是假的了，你的动机是要撒谎，你不想告诉他真相，这已经违背了康德的道德戒律。

我认为两种传统始终在实践过程中要纠缠，哈耶克自己是在这两种传统之间的人，他兼有英美思想传统和欧陆思想传统。

刘彦：中国的知识分子很容易在其中纠缠？

汪丁丁：当然当然，因为中国的知识分子有古代的理想，中国两千年来基本是一个精英导向的社会。当然这些哲人王的思想或者说是美好人生的追求，打通了理念之后，都可以在中国知识分子里成为主流，然后就来教育民众应该怎样生活。而民众呢，也有很多问题，例如民粹主义。民粹主义太强，变成激烈的运动，像义和团这种事件发生的概率特别高。道德问题本身不是一个问题，它本身

中国转型的可能性及其道路

一直有两种学派的看法，一个是英美思想传统里的情感学派，一种是欧陆思想传统里的康德义务论。

但是这个冲突发生在中国本土的社会转型过程中的时候，主要是实践的问题：两种道德观都是西方的，那中国的呢？所以需要观察和收集数据，作为学者研究中国人的道德情操，写出一本中国人的《道德情操论》，现在有很多人在写啊。我是到了1990年代中期，才觉得国内的经济学家在道德哲学上太生疏，所以我答应吴敬琏，写了那篇文章。

刘彦：我看您在1994年到1997年，写了很多。

汪丁丁：写了相当多，因为在《光明日报》啊，一共三篇都是发表在上面。

刘彦：那我们回到现实问题，小悦悦。你作为一个当年提出过市场经济需要道德基础理论的学者，您怎么看小悦悦这个事件？它的发生是必然的吗？

汪丁丁：所有的这些日常报道的事件，都是新闻事件。它不具统计一般性，不符合大数定律，不是高分布的均值所在的位置。

刘彦：虽然这个事件不具有统计学样本的意义，但是不可否认这样的事情发生的频率正在提高，我可以这么问你问题吗？

汪丁丁：可以。所以我想说这样的小概率事件，它是必然发生的。在中国和美国都会有，但是看不见它的峰值的现象，所以我们没法讨论这个问题。峰值是什么呢，为什么会有必然呢？因为教育耽误了两三代人了，传统教育的中断，然后西学输入以后。西学随着"新文化运动"传入中国，中国的教育变成了私塾和公学的两种制度。从我现在反过去看呢，私塾的最大优势公学完全没有的，就是师生之间的情感交流，因为道德教育是情感教育，必须在三到五岁形成这种情感教育，才能形成核心价值。我刚刚已经描述了一遍，私塾是同一个祠堂的贫富孩子都可以进，每家出一块地供养私塾先生。这样，比较重视情感交流，小孩子再读《论语》就比较容易接受。等到私塾消失之后，在公学里边读《论语》，首先没有情感交流，在幼儿园里面，小孩子对《论语》没有亲切感，而《论语》是需要在亲切氛围里才能够讲述的。公学里先生是花钱请来的，自己家也不在学校里面，而私塾先生就在村里住着。所以公学没有情感交流，何谈道德情操？从脑科学的角度，这已经被证明了无数次了，这不可能。

刘彦：那父母呢？父母的家庭教育？

汪丁丁：所以我说两代人以上的教育失败就在这儿。父母已经失败了，已经完全是功利主义的了，教育出来的孩子怎么会不同。用我博客上的话来说，满大街都是"问题家长带着问题孩子"瞎串骂人。这是"问题家长"的问题，无关"问题孩子"。很多人看不到这是一个主流，这是一个峰值。这是"新文化运动"之前，1920年代就已经开始了的。这是一个峰值的现象，它得出"小悦悦"这个后果，一点儿不稀奇，具有必然性。

刘彦：还有没有另外一个维度的可能性呢，比如制度因素导致的反道德（制度的教化作用）？

汪丁丁：当然有啦，比如说在大学教育里面或者是大学教育的失败，当然因为学苗本身就不对，进来的学苗就是造假的；再到中学，中学老师说学生从幼儿园就造假，从小就开始说假话。中国的教育的问题，在表层上表现出来的症结是伪善。伪善当然是集权社会的产物，因为民主社会首先求真，每个人都有说出真相的权利。伪善是在皇权和集权底下最容易发展的，正如哈耶克所说的逆淘汰过程，爬的阶位越高的官员越伪善，然后他自己也人格分裂——自杀的自杀，嫖妓的嫖妓，进监狱的进监狱。这就是中国教育的症结，这也是我最近和跨学科课程里面的八个教授反复通信沟通的缘起，因为我们每年都开这个课程——北大的公开演讲，"人文与社会"跨学科系列讲座。第一讲通常是请陈嘉映来做，主讲人来自八个不同学科。2010年的主题之一，就是能不能把赵越胜请回来，虽然他不是学院派的，但是他的《燃灯者》这本书使我感觉到他能破除大学教育的伪善。赵越胜这个人，最大的特点就是真诚，他也是性情中人。

你别忘了伪善啊，"伪善"是一个关键词。最早提到这个词的人是光绪，光绪在京师大学堂的一次开学典礼上，对着一二百个京师大学堂的学生说的。光绪说，我们的改革为什么失败，是因为我们有心贼，第一个心贼就是伪善。（刘彦：乡愿，德之贼也。）乡愿和伪善不同，但是我们身边都是伪善和乡愿。

刘彦：您自己觉得《行为经济学讲义》是一本什么样的书？它是一本较为规范的教科书吗？因为目前世界范围内还没有一本比较好的书。在教学的同时，您为什么会有这样的写作自觉性？首先是建立在讲义的基础上吗？

汪丁丁：没办法，应试教育的学生每学期开学最关心的就是"老师，教科书在哪儿呢？考第几章啊？"你怎么办，几千篇文献让他们读，他们肯定不读。几十篇文献能考吗？也考不了。最后没办法，我写一本讲义吧。

刘彦：我看您里面提到前几年给学生布置几百篇的必读的文献，后来减到几十篇，（汪丁丁：后来减到十几篇，也不读。）后来只好自己读，做摘要还要做PPT。

汪丁丁：他（指学生）就是功利主义的嘛，拿老师当一件工具。我让他们看桑德尔公开课的第六讲，为什么每一个人都是目的？你得先从自己开始。学生拿老师当出国的工具，老师拿学生当挣钱的工具，完事儿了。互相利用而已，功利主义。

刘彦：第二个问题，您把自己看成一个什么样的学者？

汪丁丁：不是学者，我把自己看做一个漫游者。

刘彦：是戈登·塔洛克那样的人物？在这个领域种下很珍贵的种子，然后就跑到别的地方去了。诺齐克也是。

汪丁丁：对，这都是我比较欣赏的人物。我在夏威夷写了《幽灵自述》，这本书你要看，因为那是我的"报告文学"，副标题是"丁丁实验文学系列"，可能脱销了，是很早以前出版的。我自诩"幽灵"，是幽灵，你能挡住我吗？这样一个幽灵，可以在全人类的上空徘徊。

刘彦：作为一个大学教师，最近十多年的努力，不管您怎么定义您自己，但是我看您培养出来的学生，您的思维还是想把他们培养成学者？

汪丁丁：那是他们自己要发展成这样。

刘彦：我看您的课堂上有一个学生谈到要出诺奖，需要懂得"幂律"。您是带着这样的想法在培养学生吗？

汪丁丁：这只是给我找一个借口。我还得干点儿事，办实验教育啊，找点儿学生啊。只不过"幂律"呢，我是后来看到了，觉得拿这个当做"借口"是很好的。因为它强调自发涌现，比如说，一万个北大学生里面，有一个比普通北大学生头脑更优秀的头脑。当你有一百个这样更优秀的头脑之后，就可能涌现出0.1个爱因斯坦，（刘彦：诺奖就不会远了。）这是我仍要努力的一个"借口"。

刘彦：作为对有限理性、不确定和偶然，时间不可逆之箭有深刻认识的人，你觉得作为一个学者，在行为经济学这样一个艰深的海洋中，得到一些确定性的结论，（汪丁丁：比如像幂律这样的统计性规律。）研究行为经济学的价值何在，如何可能？

汪丁丁：它是一门科学，你说科学有什么价值啊？非要问它有什么价值，这都是主观赋予的。科学其实只是好奇而已，一开始都是哲学的命题。科学没有什么价值啊。

刘彦：米塞斯在《人类行为的经济学分析》的开头，就说这个东西是很绝望的，但我仍然要做；因为这件事是有意义的。最后的问题，还是回到转型上来。

汪丁丁：教育失败了以后，还有一个最大的困难就是社会选择的集结算子不容易找到，这是新政治经济学的课堂上我们讨论得最多的问题。社会转型涉及到公共政策的选择，选择什么样的公共政策才能够顺利地找到一个更好的演化路径或者朝着一个大多数中国人，别说大多数了，就是少数精英分子为大多数中国人设想的"美好生活"的概率更高一点，用什么样的角度去看转型的方向。总归要有一个方向，这个方向最好是自发地产生。自发产生的最好的过程是有一个正确的社会选择机制能够允许这种自发产生的方向。但是现在没有，我们还没有找到。

刘彦：这就是我问题的第一部分，就是要自发地朝向上的方向发展，需要哪些条件？

汪丁丁：技术性的条件已经非常好了，微博、手机，我们已经看到很多的技术是带有民主的倾向的，技术本身是中性的，但技术的后果绝不是中性的。现代通讯，任何人之间的网络关系和互联的便利性，成本低到一定的程度之后，它就可以设置一个"制度可能性边界"，在这个制度可能性边界的内侧，政治制度可以生存；如果独裁到一定程度的时候，它就不可能生存，因为越过了制度可能性的边界，除非它废除"互联"这个特点。所以技术，像"生产可能性边界"一样，它会设定一个社会制度的可能性边界，超出这个边界那个制度是不可实行的，除非你不要这个技术。

刘彦：丁丁老师您不上微博吧，要是上微博，您会改善或者是稍微改变一点您现在的判断。微博和现实简直是两个世界。但是按照您的行为经济学理论，微博里面的这些网民，是嵌入到社会现实当中的，您不妨把他们看成是"结构洞"，他们在这里边的相互的交互作用是不确定的，根据您前面的那些话，他们的这种交互作用产生的后果是什么，我们是不知道的。

汪丁丁：这我承认，我在观察微博。财新编辑部王烁是积极分子，他都搞"微采访"啊，积极跟进最新技术。但是我呢，是观察他，他当然是一个核心人物。有至少两个网站给我开微博，但是我进去一看，要把真实姓名等等全填完了以后才可以登录。当然，你也可以浏览别人的真实情况。

刘彦：我2010年写了一篇文章，这就跟采访没有关系了，纯粹是请教，我为什么乐观，是因为2010年的独立参选。在这之前，我也很悲观，我2008年写《论正义之为市场经济转型的必要条件》，我就看正义被颠覆的后果是如此的严重，诺斯在2007年与他人合作的一篇论文里《暴力与社会秩序》（*Violence and Social Orders*），有一个结论，和您提到的差不多的。（汪丁丁：对，诺斯是最早提出"锁入效应"的。）我拿这个问题问张维迎老师，他很乐观，说"三十年经济、三十年政治"。通过观察微博和现实当中的独立参选这种现象，我觉得有点类似于"涌现"的那个意思，我就想去找基础。

汪丁丁：阿西马格鲁这个人，MIT 的一个教授，是我最近介绍频率相当高的一个年轻人，他是土耳其裔的，第一代移民，在 MIT 任教，已经得了2005年的克拉克奖。他写过一本书叫作《政治发展的经济分析：专制和民主的经济起源》，他和哈佛的詹姆斯·罗宾逊，两人长期合作发文章。他关注中国，他和我的一个学生正在合作研究中国经济发展，他关键是有一个框架允许偶然性发生。阿西马格鲁得克拉克奖主要是经济史的研究，跟诺斯差不多，前面讲过，纵轴如果是透明国际发布的专家评议的民主化指标，横轴是人均 GDP 的对数，然后各国数据描出来这么一个曲线……上面的很长，人均 GDP 可在三万美元以上，民主化指标越来越高，正向发展。另一个分支是往下发展，人均 GDP 越高，民主化指标越低，独裁性越强。这个向下的分支走到大约人均 GDP 不到一万美元的时候就停住了，因为再也没有样本了。世界上大多数的收入最高的国家，

074
经济的限度

最富裕的国家，是在民主化的正方向上，关键是中国的人均GDP到现在这个阶段，是分叉点，大约人均GDP三千美元吧，在一个可向上也可向下的点上。这时候偶然因素就会起很大的作用。阿西马格鲁从这本2005年的著作之后，连着在《科学》等主流杂志上发了一系列的文章，批评世界银行的所谓"现代化的幻觉（illusion of modernization）"。世界银行的专家认为只要经济增长就有民主化——他认为这是未必发生的事情。

刘彦：但是我看您和刘苏里在《中国问题及其复杂性》里的谈话，里面提到了透明国际关于政治自由度指数的报告，有一个结论我认为很有说服力：当经济生活如果从每年增长2%，到每年增长12%，连续十年以上的时候，就会发生一些不仅仅是速度能描述的变化，它一定有结构上的变化，比如工商业的发展，甚至影响政治生活的变化。您的解释很说服我，您说"权利结构和权力结构发生了变化，时间长了会反映到政治上面，也会导致政治结构的变化"。

汪丁丁：到了2009年以后，我的新政治经济学的课堂上，专门要介绍阿西马格鲁和格莱泽（Edward Glaeser）两个人的争论，他们产生了分歧。在2006年、2009年和2011年这一段时间，格莱泽做了一系列NBER（美国国家经济研究局）的研究；同样以数据说话的研究，他发现教育程度在各国民主化过程中是第一重要的变量，只要人均国民教育的平均时间超过一定的年限（比方说小学六年）就会产生民主诉求。因为NBER的研究发现，教育的政治功能是降低政治参与的成本，就是让你有一个说话的机会，因为老师上课会问问题，你得答啊，时间长了以后，小孩儿就会表达也会倾听，在草根一族，在最贫困的地区，政治参与的成本迅速降低——他能说出话来了。这篇文章在NBER最初发表的时候叫"Why does Democracy Need education"（《民主为什么需要教育》），数据非常翔实，这样就等于是倾向了乐观的一面。同时，他做了大量的仿真，用基础数据造一个简单的仿真数据模型，仿真的结果他又看到了另外一种倾向，也在拉美国家发生过：教育水平超过12年的时候，会出现这样一种现象，就是独裁者的政变往往会推翻民主政府。你别以为教育的影响是单向的，为什么呢？因为受教育的这些精英群体，富二代、官二代，如果纯粹是要掠夺利益的话，他可以集合起少数的武器和军队，搞政变，推翻民主政体。而民主是有免费搭车的，并不是每一个人都想维护民主政体。可是独裁政体没有免费搭车的问题，人数越少越好，因为人数越少利益越大，四大家族比十大家族平均每一家的利益大得多。

所以他们晚期的研究，相对于是反对你的乐观主义的。两方面的情况都有，只不过教育程度的进一步提高，比如大学教育开始普及之后，民主政体被颠覆的可能性开始迅速加强，它有一个质的飞跃，不是线性的。

刘彦：我看到您的《行为经济学讲义》里有一个说法，对于个体来说，自由是整体性质。我观察农民工群体，他本身的自由程度比较低，因为他被给予的整体自由比较少。（汪丁丁：学生也一样，你以为学生自由啊？全都是家族期望的奴隶。）自由是一个整体性质，可不可以从另外一个思维来看。因为我确实想过这个问题，从个体的自由出发，如何能达到一个集体选择的效果，这个过程怎么办？

我找到了一个过渡点，我自己想的，我不知道对不对，所以请教您。我觉得自由是整体的事情，从内在来说，可以把个人的选择当做一个"自由的集合"——多项自由：政治的、经济的等等，选择的程度、深度或者是广度……如果自由是一个整体的话，一个农民工来到了城市，首先他外在的自由可能是不完全的，但是对他个人而言，他的自由程度是增大了的，因为之前他不能迁徙，但是现在他可以自由迁徙。一旦一个人习惯了自由的状态之后，这个自由是不是就可以像哈耶克说的那样"自发秩序"，就会生发出更多的渴望？

汪丁丁：不一定，你看《燃灯者》吧。它的副标题是"忆周辅成"。周辅成是北大哲学系的老教授，在北大六十多年了。你看这本书的后半段，这就是中国知识分子沦落的部分，你以为自由不可逆吗？周辅成是2009年去世的，这本书的作者赵越胜去年回来，拜访了他的老师，临终的时候说了很多话啊。周辅成99岁，他观察到2009年、2010年，他发现自由这事儿是可以再次失掉的。首先自由被剥夺了一段时间，人们就习惯了不自由，这是心理学关于幸福感的研究成果之一。这就是我所说的三分之一定律，在《新政治经济学讲义》的后边几章中谈到的。

三分之一定律是说，当一个人群里面，采取占优的个人策略的人数超过三分之一的时候，这个策略就会迅速蔓延到整个群体，比如说完全自私或者做奴隶的这种本性，这种占优策略。当愿意当奴隶的人数比例低于三分之一的时候，这个定律告诉你，它不会蔓延到另外的三分之二，因为还有三分之二的人不愿意做奴隶就还会抵抗。当三分之一这条线被突破的时候，就抵抗不了——在自然律上就会失败，不愿意做奴隶的人就会渐渐消失，最后全体都成为奴隶，这就是三分之一定律。所以我的博客上写着，根据三分之一定律，我可以理解群体之恶。（刘彦：还有集体选择的困境。）对，都是。

所以我的这本讲义里边有三个律是最重要的，是"小世界"定律、"幂律"和"三分之一"定律。三分之一定律完全是关于自由的定律。

刘彦：我的认知建立在预期改变未来，如果我们没有对未来的自由的预期，那么本身的行为就不积极了——因为观念就会影响行为。

汪丁丁：不会啊，我虽然悲观，但是我很积极啊。我办教育，我的实验教学已经非常有成果。至少外界认为很有成果，我自己看着一般。我的课堂，注册行为经济学和新制度经济学的课程，近两年都是人满为患，以三百个座位为限，剩下的都不让注册了。

刘彦：有旁听生吗？

汪丁丁：旁听生当然很多啦，第一天我估计得有五百人，在大阶梯教室里。

刘彦：有一个马克思·韦伯的问题，向您讨教。

汪丁丁：从韦伯的个人思想史来看，他本人是很悲观的。他的悲观是对整个西方官僚资本主义发展的悲观，对官僚政治的悲观，理性化的结果是官僚"铁笼"。

刘彦：还是回到转型问题。他写的《新教伦理与资本主义精神》，我看完以后就觉得读者自然会得出一个印象，我们不具备西方那样的资本主义的伦理基础，因此我们就必然是一个失败吗？

汪丁丁：不是。韦伯的这个命题，实际上在1980年代中国的文化大讨论中已经被讨论得很多了，他们那时候的术语叫作"中国的资本主义或者市场经济是继发性的"，欧洲的是原发性的。继发性可以有啊，中国资本主义萌芽的讨论一直就涉及到这个问题，即"韦伯命题"。

刘彦：您的结论呢？

汪丁丁：首先资本主义本身是一个误导的词，哈耶克把它叫作"人类合作的扩展秩序"，而人类合作的扩展秩序当然具有普遍意义——也就是说在中国社会也可能发生。但是至少在目前，从2003年到2010年，已经显然是政治体制改革比经济发展滞后了。中国经济增长速度已经开始往下走了。危机发生的时候，有可能往正向发展，也有可能反方向发展——这是说不准的，这是偶然事件决定的。

刘彦：那学者在里边能干些什么？

汪丁丁：新闻记者可以干事情，学者只能给记者提供一些咨询。

中国转型的可能性及其道路

正义与人生的中国式思考[1]

汪丁丁：很多读过《新政治经济学讲义》的朋友都问我，为什么突然加进来这么一段冗长而且莫名其妙的论题——集体无意识？其实它是接着加德默尔实践智慧的阐释。

亚里士多德提出的实践智慧，也是我们政治体制改革最迫切的需要，你要想不犯根本性错误或颠覆性错误，实践智慧是关键词。实践智慧在西方的政治哲学传统里，或者政治实践里面，大概迷失了两千多年。汉娜·阿伦特指出，加德默尔其实是最系统阐释过这一观念的人。我书中第七讲中的铺叙就是想探讨一下它如何从西方思想传统融会到中国思想传统里。加德默尔去世时华师大有一个研讨会，大概是2004年，研讨会的标语就是"实践智慧是东西方文明交汇的切入点"，这是很贴切的主题。

陈嘉映：他的第七讲就是讲实践智慧，因为最近几百年，我们越来越多地把政治和社会生活看作是用理论来指导的。这就跟亚里士多德、加德默尔所说的实践智慧正好相反，政治的确不是理论的

1　2013年10月31日，腾讯书院进行了一场关于正义与人生的聚谈会，汪丁丁接受陈嘉映、景跃进、张静、周濂、王焱的评论乃至质疑，从政治经济学角度解读中国社会。

问题，它是从实践智慧转化而来的。

周濂：谈一下我对这本书的读后感。其实这本书非常艰深，对我来说犹如陷入知识的汪洋大海，差点不能活着爬上来。

我的思维风格与丁丁老师比较契合，经过多年的思考，他认为政治经济学或一般而言的社会科学必须同时采取三种语言风格，一是自然科学，一是社会与人文，还有就是批判理论，这是三种不同的语言风格或者思维方式。我特别认同这个观点，在我们今天如果要做好学问，必须具备这种综合视角。丁丁老师这本书很好体现了这三种语言风格的融合。

丁丁老师在书中谈到我们今天正处在全面的社会解体时代，表面上一切标准都已经丧失了，人们的心灵也四分五裂。我们需要做的是什么呢？就是社会的重建。我个人认为这个判断非常到位，读到这个时候我特别心焦，怎么办？都已经四分五裂。我再接着往下读就发现丁丁老师安慰我们说，这是一个非常漫长的过程，他对社会重建的时间跨度的预期是下限300年，上限500年。读到这个我松了一口气，这是十几代人努力的过程，而不是由我们一两代人完成。

我们现在这个时代还有一个很奇怪的焦虑，我想如果我们能像丁丁老师以一种特别纯净的学者心态，放宽历史视野，也许更有益于社会重建。

这本书的文眼，中国社会的基本问题初级的表现形式是正义问题，就是社会正义的问题，因为贫富差距，因为各种各样的贪污腐败，导致的对社会正义的诉求。

高级的表现形式是什么，我特别欣赏和喜欢他的表述，他说是中国人的情感方式与中国人的现代生活方式之间的协调问题。这是非常大的问题，今天说"正义与人生"恰恰对应着汪丁丁老师说的中国社会的基本问题，一个是正义问题，还有一个是情感方式和现代生活方式之间的协调问题。

关于这两个问题我分别提两个小问题给丁丁老师，关于社会正义的问题，很多人以为就是罗尔斯所称的福利自由主义，这当然是误读。我们就福利问题谈一谈，丁丁老师这本书中说福利国家不简单是经济学家批评的愚蠢政策，它是欧陆思想传统关于人的全面发展理想的公共政策的表达，这句话我也非常喜欢，评述评论福利政策和福利国家，不能仅仅从效率、经济的视角看，还要从别的视角看，关于人的理解，关于人的全面发展的理想。

现在问题在于，我不是特别清楚丁丁老师对于福利国家到底持明确的赞成还是反对意见。我在书中第608页读到这么一段话，"当前中国人均收入水平已经达到或超过民主诉求的阈值，另一方面人口老龄化要求尽快完善社会保障体系，这两方面压力联合作用的结果，很容易导向福利国家的公共政策，虽然长期而言，福利国家的公共政策难以维系"。

您这段话当中有两个态度，一个是您觉得现实的条件似乎使得福利国家势在必行，但是您又认为福利政策难以维系。

具体到当下中国的语境，要推行福利国家，一定要强调国家能力，所谓积极政府的问题，都跟这个相关联。强调国家能力，会让像我这样的人有点担心，它会不会替换成对国家权力的主张和支持？这个就很困难，一方面限制不受约束的国家权力，另外一方面赋予它一定的国家能力去推进有效的福利政策，如何可能？这是我想请问您的。

高级的问题，就情感方式和现代方式的协调我也提一个问题。您这本书最后援引了克里希那穆提在《面向危机中的世界》中的一段长文，好像在昭示您对于中国社会基本问题高级形态的一种解决思路。我对这段话有一些疑问，在演讲当中克里希那穆提提到，"我们必须要创造一种全新的人类，全新的人类心智"，我看到这个表述有点不寒而栗，不知道什么意义上可以创造全新的人类和全新的人类心智，这个说法和我们非常熟悉的社会改造工程、一个恐怖的乌托邦似乎有着密切的关联。再往下读发现，他不是这个意思。克里希那穆提是完全摒弃宗教大师、救世主、专家包括组织和系统，为我们提供创造全新人类的这种可能性。

他一个明确的主张是什么？要求我们每一个人都回到自身，因为在他看来这些人生问题是你的问题，你必须自己解决，你必须过上所谓第一手的生活，而不是过上第二手的生活，第二手的生活就是你依附于宗教的大师，依附于组织，依附于系统，你没有回到你自身。这个表述在我看来，当然有意义，它其实回到西方哲学最原初的苏格拉底的问题，苏格拉底问一个人应该如何生活，他的答案与克里希那穆提是一致的。后来一个英国哲学家说苏格拉底问题就是一个人应该如何生活这个问题，如果真的有答案，并且这个答案是有意义的话，必须是每一个人都清醒认识到这个答案是你自己赋予你自己的。威廉斯对苏格拉底问题的解读跟克里希那穆提说的一样，这是你的问题，你必须自己解决，你过上第一手的生活，这背后我觉得隐含着一个所谓的伦理学个人主义的立场。

我的问题其实是两个，首先我觉得你写了这么一本600多页的巨著，最后用一段演讲做结尾的时候，似乎有一种登楼撤梯的效果，之前说的东西都不重要，最终回归到人的内心，回归灵魂。好像有那么一点点神秘的感觉。

还有第二个问题，我个人觉得把克里希那穆提的表述作为解决中国社会基本问题的一个答案，其实有可能会极大消减或者弱化社会正义的问题。

为什么这么说呢？您在这本书最后的附录中加了自己的一篇文章《论中国社会基本问题》。您比较了当代中国人和印度人对于正义问题的不同态度，您说印度人对正义的诉求明显不如中国人强烈，您的答案是说因为在印度精神生活维度当中，它存在追求心性自由的传统，您的结论是说正义问题在精神生活这一维度首先表现为信仰自由的问题。危机植根于情感方式与生活方式的持久不协调，我很认同你的总体判断。我们都非常清醒认识到印度追求心性自由的所谓精神意义上的正义，其实他完全是在回避社会正义问题。我觉得这两者之间存在着张力。

汪丁丁：我觉着周濂这个砖砸我脑袋上了，很疼。在座的都是经济学的学生和老师，关于福利国家的政策或者福利政策在中国当代社会占有很醒目的位置。经济学家通常反对比较负面的福利政策，社会学家和政治学家可能比较正面地赞赏这种政策。我确实没想清楚。

反对或者支持福利政策，完全取决于每一个社会的具体情境。首先是个人的发展。个人发展所需要的主要的条件，比如说教育、医疗、救济、住房，使人们免除心理的焦虑感，这样年轻人才能够用心学习，然后才有人力资本投资可言。这些人生存的基本条件，完全自由的市场经济不可能全提供。弗兰克·奈特后来被他们的学生忘记了，至少他们不愿意记住老师的教导，他们只记住自由市场竞争了。弗兰克·奈特说得很清楚，我只引最著名的一句话，他说，"你们不要以为微观经济理论是告诉你们自由市场等等，其实不是，自由市场有几个基本的坏的倾向，这些倾向倾向于将自由消减到零。我们不应该回避自由市场的阴暗"。

我还在另外一个场合介绍过阿罗1970年代为了自由献血和商业献血这件事情，在美国国会听证的时候发表的文章，那里面提出新的阿罗不可能性定理，关于独裁不可避免。

新的阿罗不可能性定理，用我的直白的话说，如果一个市场经济像卡尔·波兰尼这样的整个社会嵌入到它内部，那这个市场必定失灵，所以不可能存在一个包罗万象的自由市场，它要健康的话一定需要法律的支撑、需要学术的支撑，需要很多非市场因素的支撑。如果你把非市场因素全都市场化，一定失败。比如法院判案子，谁出的钱多我就判谁胜诉，阿罗说这怎么可能，这法律就失灵了。诺贝尔评审委员会要是按照谁出的钱多，就把诺贝尔奖交给谁，那诺贝尔奖马上失灵。这个不可能定理很直观。我们说作为一个自由市场派的经济学家，首先就要承认自由市场是有缺陷，它有不灵的地方。

其次，这时候政府出来补偿这个自由市场失灵的时候，当然会出现大量的政府失灵，我赞成周濂的担心。朗润园的经济学家最普遍反映这种担心，反感任何福利政策。但是要为每一个人提供他生命后期生存的必要条件，我们就需要这些基本的福利政策。

有一个动态的过程，我们叫动力学机制。如果社会没有办法收那么重的税，还得假设政府非常有效率，像英国政府那样，政府收了30%的宏观税负，就能够提供全民医保，还有基本住房，还有普遍的教育，比如公民的义务教育9年、大学补贴，所有的都有了以后，整个社会的劳动生产率就会极大提高，这是今天人力资本经济学家都会承认的。

21世纪是人力资本的时代，所以福利政策不仅仅具有消费性，还有生产性，关键是如何把动力学的过程给执行下去。如果收税太多导致负担太重，那么整个社会的创新能力就会迅速枯竭，这时候就会无税可收。公共福利政策的动力就走到头了，必然失败。

成功的办法是，适度收税，有效补贴给该补贴的人。劳动分工的本职是什么？要提供一些条件，最起码的教育条件和教育水平，当这些穷孩子受了基本的教育之后，还要让他有致富的动机，把他的聪明才智用于学习。如果13亿头脑都不学习，我们共同富裕是不可能的。如果所有人的头脑都被激发起来，去学习新的知识，那么这个国家用不着对外贸易，自己就跟自己交易了，财富会迅速积累。

归根到底福利政策有很强的、很微妙的动力学过程，这个过程政府其实不太明白。要么就是95%的经济学家反对福利政策，政府听经济学家的意见把福利放一边，使弱势群体备受欺凌。要么就是简单思维，摆到另一极，拼命发钱，结果把企业家的能力诱杀了。比如说学者的科研能力、动脑能力，不往好地方动。为什么？科研经费太多了。到现在为止几乎没有什么学术可言，所以跟世界的学术前沿落后了十几年。

福利政策有非常糟糕的方面，周濂的担心非常有道理。政府确实需要考虑政治体制改革。如果政府缺乏监督，放手搞福利，那会滋生新的腐败。

张静：汪丁丁教授是我认识的男性当中，感性和理性方面都非常发达的人。看他的书也能够感觉到这一点，阅读的过程当中很难能够跟他对上话，他的抽象形式非常高，主要谈的是基本原则和理论问题。

关于正义和公正这个问题，确实可以和社会学走到一块儿去，或者说是越来越接近了，因为社会学在转型的前期就开始注意这个问题，而且在中国的社会转型当中更应该注意这个问题。

这么多学科都开始逐渐地向正义，或者我们叫公正这个问题靠拢，这的确是我们今天这个社会走到现在的阶段，所必须面临的问题。我们大家都知道，围绕这个问题，一些前所未有的具有时代特征的分歧已经出现，乃至于一些完全不关注这个问题的学科现在都开始关注这个问题，比如说经济学。这些分歧正在影响中国的经济政治和社会目标的选择。

我们非常关心什么样的制度是社会成员普遍接受的公正的制度。但是在讨论公正或者正义这个问题的时候，社会学会认为它有重大的困难，或者是有一些非常棘手的问题，在阅读汪丁丁讲义的时候，我同样存在这些困惑。

这些棘手的问题或者困难是什么呢？

一个就是正义或者是公正这个词汇在社会学学者看起来是一个主观指标，主观指标就是说它很难达成共享或者共识的标准，每一个人都有不同的标准。我认为公正，他可能会认为不公正。抽象的层次上我们都认为这么做是公正的，但是涉及到我们的关系，涉及到利害的时候，又会否定这个公正的原则，不按照这个公正的原则做。它和判断，和信仰，和你相信的一些原则，和相关的知识，和你的利害关系都有关。

　　比如说我们都会认为自由是公正的，不自由是不公正的，但是对于自由是不是正义的标准，有的人支持，有的人反对。有的人抽象地支持，但具体到事情上就开始反对。有的人在具体的事情上支持，但是对于抽象的、意识形态上的自由，又反对这个价值。

　　针对这样的一些问题，社会学从实践智慧的角度去看待公正。我在前几年编了一本《转型中国：社会公正观研究》，主要是看民众的公正观念是什么。基本上我们有这样的发现，可能能够补充实践的智慧。

　　第一个发现是，在不同的人群当中，公正感的强度有差异。

　　第二个发现是，人们在运用这些关于公正的原则或者标准的时候，有通用原则和专用原则。这些原则在不同的领域里面，它的序列有变化，社会学把这个叫作正当性秩序的讨论，它可能因人、因场合，因不同的领域序列，先后的排位不一样。

　　比如说在不同的关系中，人们认为什么是最公平的有好几个原则，一些原则处于支配地位，但是只在一种关系当中起作用。换到另外一种关系，比如说从熟人关系变到陌生的关系，从单位的关系变成完全是公共的、跟自己的利益不相涉的这些人的关系当中，它的支配性的原则位序就会发生变化。有一些原来次要的原则会升到主要的地位，一些主要的原则就会下降。

第三个发现是，社会学发现所有的人的公正观，都是基于比较而存在的。这个比较可以是自己和他人的比较，也可以是当前和历史的比较，总之他需要一个参照系和参照物，而不是绝对的。他认为什么是公正不是绝对的，他支持什么东西是公正的，完全基于比较。所以他的标准会由于比较的参照系不同而发生变化。

比如说一个村民在村里面的土地获得分红的时候，认为公正不公正会和其他村甚至其他地方的村民收入进行比较。一个下岗工人谈论今天的制度是不是公正的时候，会和他所在的社会条件下福利相对平等、收入相对一致的这种情况做比较。

第四，我们发现所有的人支持一个东西，说它是公正、正义，必须要有理据，这个理据是随着时代变迁不断变化的，所以社会成员的价值标准在不断地经历变迁。你只要分析一下1950年代、1980年代和当下人们对同样一个刑事案件的评论，认为这个刑事案件当中的当事人究竟有罪还是没罪，应该怎么处置，你就会发现人们评价的标准以及标准所使用的原则和原则背后的理据在发生重要变化。1950年代人们首先定义说这个人他是革命的还是不革命的。1980年代人们议论他是不是一个好人，看他是不是积极要求入党入团。而现在人们会议论他的群体是不是受到公正的对待。

考虑到这样一些情况，我们发现关于正义的问题，确实是有极其复杂的背景。在这样的一个背景之下，我们就会怀疑，原来我们理论的维度，比如多元和一元，原则和情景，比如独特性和普遍性等等这样一些理论的分歧，丁丁在书里面叫纠缠，几条路线的纠缠，这些对于中国人是不是重要的。

第二个困惑是针对行动主体的指标，很难成为一个针对制度的指标。但是在今天我们发现规则和制度对我们每个人的影响是更重大的。看上去非常善良和有道德人的行为，看上去比较追求正义的个人行为，可以强化一种不公正的治理规则。相反，一个完全自私的行动，好像只关注自己利益的行动，个体的行动，也可能造就一个更公正的原则，比如说经济的活动。由于指向一个具体行动的主题，而不是指向一种规则，这在社会学看起来是非常难讨论的。

第三个困惑，目前对正义的讨论主要是基于逻辑和理由的区分，能不能通过来源、形式这些角度来区分正义或者公正的问题。如果是这样来区分的话，它有几种来源，一个是道德原则，还有就是法律原则。如果从这个角度来看，我们可以把关于正义的最高的抽象水准，和关于正义的制度，以及较低较经验层次的社会是否承认是否接受这些正义的原则和正义的制度，这三者可以联系起来，不至于让它互不相关，或者相互对立，这是我提出来和丁丁求教、讨论，希望和大家求教和讨论的三个基本的困惑。

景跃进：我看了丁丁的书以后有很多感受，第一感觉到自己太无知，要看的东西真的很多，我估计退休以后的生活应该很充实了。看这本书，我印象最深是这样一句话：所有的正义理论不是为不平等分配做辩护。这句话太好了，我们讲正义理论，正义的本质在于它不是为不正义去做辩护。不管什么样的原因，从古到今我们在追求平等，但实际上我们今天依然在实质上不平等，所以正义理论是为正义做辩护，不是为不平等分配做辩护，这句话太精彩了。

第二，张静刚才讲了丁丁是感性和理性非常充沛的男性。我同样感觉到丁丁理性和感性带来一个副产品，丁丁对中国的看法比较悲观。我比较乐观。我们这个年纪的人大概有一句话叫知识越多越反动，现在补充一下，知识越多越悲观。我觉得丁丁不必悲观，为什么？你的长度、尺度那么大，300年和500年，按照这个时间限度，我觉得真的很乐观。

第三，我能感觉到丁丁他也跨学科，这个学科不但跨社会科学、人文科学而且跨自然科学、心理学、脑科学都跨进去。在这样一个横向领域如此广泛，纵向领域顶天立地的情况之下，我感觉你存在一系列的紧张，这个张力很大，普遍主义与特殊主义，法制与人治。首先一条不是讲规则，是找对人，找对人比规则更重要，这是中国的特点。希望民主，每个人都是同等对待，但是又强调精英的作用。一方面强调理性，同时又强调情感，一方面强调演化的重要性，也要强调理性的作用，并不是放任的演化。一系列的对策里面，这个张力之间，你可以感觉到丁丁试图把它拉回来，它的张力变为思维的刺激，震慑也很强，这是我三个最大的感受。

提问也是跟三个感受有关系，第一个丁丁讲，我们讲这个原则的实施不但要诉诸一个理论，同时，对于理论和实践来讲还有一个很重要，这是在我们公共政治里面被忽视的东西。丁丁强调科学特别重要。

我感到很有意思，把科学引进来以后，就把所有东西都引进来了。在这样的过程当中，前面讲这个张力，特殊性和普遍性，如何在每个具体问题当中找到它的平衡点。丁丁没有告诉我。

我们现在关于普遍价值与中国模式的讨论，关于现实问题的讨论，是一个基础理论问题。整个关于现实问题的讨论，根本没有学术感觉，完全是大家在进行自己的价值表态，没有上升到学理层面。

王焱：从我们单纯的学科壁垒来说，汪丁丁这个书穿越了好多学科，自然科学、经济学、政治学等等，而且我看保留了好多跟课堂学生的对话等等，这种方式更好一些，有一种教学相长的关系。一般人写书会把自己的思考过程中的动摇、彷徨都删掉，斩钉截铁告诉你这个事。这本书不是定一个特别清晰明确的结论，容易启发读者的思考。

我想从政治哲学里对正义的讨论，来看丁丁这本书的意义。

丁丁这本书里讲的新政治经济学探讨的三个主要问题之一，就是正义问题。搞政治学的人都知道罗尔斯的名著《正义论》，他提出了一种政权性的理论，他说他的理论是普遍有效的。到了罗尔斯第二本书《政治自由主义》里他就改变了，正义问题不是政权性的道德理论，而是一个单纯的政治正义问题。或者我们说他把他的自由主义理论由一种厚的政治哲学变成一种薄的政治理论。

可是丁丁这个书正好方向相反。罗尔斯为什么由政权性的道德理论变成单纯的追求重叠共识的政治正义呢？他自己也有一些说明，在一个开放的社会里面，必然是政治多元主义或者文化多元主义，除非你靠政治暴力使人信奉一种学说。不同的宗教，不同的道德学说，它对人生、价值观、意义的看法都不一样。你想追求一种普遍有效的正义观念，是非常困难的。政治自由主义往后退一步，不再追求政权性普遍有效的正义理论了。他说能追求的只是重叠共识，只是政治性的正义。这是他第二本书转向的原因所在。

丁丁书里多次援引到罗尔斯。怎么看待罗尔斯转向，对当代中国语境也有意义。我们经常看到这种说法，比如说绩效的正当性，因为它能够维持经济的高增长。但是罗尔斯跟哈贝马斯论战的时候，我们看到，如果靠对竞争性的利益单纯加以平衡的方法，你的政体是不稳定的。所以追求稳定要追求一种深层的社会统一，这就把正义问题转向到社会学或者社会理论的方向上来了。

当代中国也面临这个问题，靠持续的增长对竞争利益不断加以平衡，还是追求深层的社会统一，这个关系到政治正义的问题。我就是想问丁丁这本《新政治经济学讲义》怎么看待罗尔斯、哈贝马斯的讨论，包括正义论的转向等等这些问题。

汪丁丁：我跟周濂私下通信交换过这个看法，罗尔斯其实没写完，他最后研究心理学的时候，他借助的唯一资源是皮亚杰的，但是皮亚杰太老了，因此他的心理学知识没有办法更新了。罗尔斯后来太忙，也没时间更新他自己的脑科学知识，或者心理学知识。

而今天有大量新的报告，这是为什么我非常重视荣格所说的集体无意识。集体无意识涵盖了所有哺乳动物类，比人低级多了，都有这种情感。问题是荣格也没活这么大岁数，能提出落实到文化层面的集体无意识，今天荣格学者正在做这件事，怎么把荣格心理学落实到文化层面，因为文化才有特殊性，我只是把这个问题提出来，完全没有展开。

景跃进：政治肯定要经过权利，尤其是像中国这样的传统国家。我们在批判权威的同时，是不是应该从正面看待权力，是不是要找到一种平衡？我们监督政府，防止权力滥用，防止腐败以外，是不是应该从另一个角度思考，从建设的角度，该怎么样引导，怎样发挥权力，怎么不让它腐败？

汪丁丁：权力的定义本身就是广泛的影响力，给他人施加成本的能力。官僚化是企业家能力的死敌，一定会扼杀企业家。官僚化也是一种权力，它调集的资源几乎没有创新，只有寻租的能力。

陈嘉映：现在企业家发展寻租的能力，而不是发展创新，能够承担风险的能力。企业家这个词，本来意思就是他们要靠创新去承担风险，如果这种精神和能力被压制，就会变成依附在官僚体系上，像是家臣的角色。

景跃进：前一段时间清华大学举办了一个读书会，谈到中国这几年在企业管理方面都是引进，copy 就行了，没有创新。如果说是创新的话，那么中国政府大概是创新。这是很有意思的说法。在中国政治和经济肯定结合在一起，西方界限比较明确一点。在这个过程当中，如果说企业不能解决问题，那么只能靠地方政府去解决。

陈嘉映：这是一种很普遍的说法，最近大概15年到20年，中国经济的增长主要不是依靠企业竞争的方式，而是地方政府竞争的方式，地方政府的首长的确有一半就像企业家一样。这种情况在外国见不到，一般的企业经营，外国市长哪管这些事。而在中国，你随便去一个县，和书记坐下来聊，他对经济了然于胸。

汪丁丁：我前两天跟周其仁聊天，他说去看华为的厂区，华为惊天动地的消息就是，大学本科毕业生起薪是8000~10000元，普遍涨了50%左右的工资。华为的工作人员告诉周其仁老师，现在华为面临着一个非常险恶的环境，你们知道微信出来了，云计算出来了，华为的路由器没人用了，据说在灯泡里安一个芯片就能取代华为的产品，所以他们现在非常焦虑地想抢人才。即便是1万元起薪，他们仍然抢不到大型央企的人才，央企有很多隐性的福利待遇，像集体分住房。他们现在也很焦虑，因为即便涨了工资还是竞争力不足。华为在全世界范围内都属于企业家能力很强的集团，它尚且面临这种困境。

解释中国经济的奇迹，经济学家有一种看法，过去这十年没有什么奇迹，只是吃邓小平改革积累起来的老本。现在解释中国经济的奇迹只能解释2003年以前中国经济怎么增长，2003年以前中国经济的发展很正常。那时候就有两种看法，一种是张五常说的县级经济的竞争，有一定的说服力，也有问题，这些问题像张维迎、韦森、周其仁都有过批评。在2003年以前，县级经济的发展确实很大程度上取决于县领导的方向，但是它也并不那么官僚。

周濂：2007年，我跟张静老师参加过一个会议，主题是"转型正义与社会公正"，在会上您公布了研究的一个结论：正义其实是一个主观指标。我自己有一个疑问，从经验性角度来说，毫无疑问地，每个个体的正义感不一样。罗尔斯做正义研究的时候，他说我们也许找到一个深思熟虑的判断，尽管每一个人具体的正义感、正义观有差异，但是通过这个深思熟虑的判断，我们依然可以在一个相对封闭的社会当中找到一种东西，这个东西可以作为我们去研究正义原则的一个暂时的确定指标。

您觉得在乱花迷眼的，极具主观色彩和经验性的个体正义感当中，当下中国能不能找到这个所谓的深思熟虑的判断？

张静：你的目标也是我们当时的目标之一，我非常希望在这么复杂的主观的判断中，可以有一个通用的标准。另外，在不同的关系，不同的领域里面，它的支配性的原则会发生新的排序。我们也希望在这么复杂的情况之下，找到一个相对来说的共识，或者说找到大家在谈论的公共事项，包括涉及利益事项的时候，通常使用的那些标准。

我们还有第二个目标，就是想看看这些标准是不是和西方的，我们所了解的发达的资本主义社会有重大的冲突。换句话说，具有中国特色的一些关于正义的标准和西方是否相同？

我们的发现是这样的，我相信你听到以后会感到高兴。中国人在不同的领域，在涉及不同的利害关系时，标准排序会发生重要的变化。但是我们所讨论的最重要的，关于正义和公正的标准，在中国人的生活当中都在应用，比如平等、自由、互惠、对等，等等。只不过哪个是支配性的地位要取决于他讨论的是公共事项，还是个人事项，他是在亲属的家庭关系里面还是在利益的竞争关系里面。

举个例子，对于收入差距太大的问题，很多人愤怒。但是对于竞争非常公开，程序非常清晰的高收入，大部分人是接受的。比如说一个运动员，他拿了非常高的工资，我确实没有他跳的高，没有人会觉得他收入高是不公平的。但是如果程序不清楚，比如说官员的贪污，这就是最不能接受的。为什么呢？知道他是通过特殊的渠道获得高收入的，而我们都没有这种渠道。另外他把公权力当成私有的财产在使用，不公开也不公正。

从这些角度来看，会发现中国人所认为的最基础的公正的原则跟西方的社会，跟理论上讨论的基本原则没有什么大的差别，至少是绝对不冲突。

正义与人生的中国式思考

人类创造性的两大前提

最近，2016年1月28日的《自然》杂志（"Mastering the Game of Go with Deep Neural Networks and Tree Search", *Nature*, vol. 529, pp. 484-489）刊发了谷歌"深度心智"（DeepMind）团队关于谷歌人工智能棋手以五比零击败欧洲围棋总教练樊麾的研究报告，引发国内外关于人类前途危机的热议——接续了库兹韦尔2005年的著名预言《奇点临近：当人类超越生物学存在时》（Ray Kurzweil, 2005, *The Singularity Is Near: When Humans Transcend Biology*, Viking Books, 2011年机械工业出版社董振华与李庆诚的中译本漏掉了这本书重要的副标题）。谷歌"奇点大学"在一份报告中预言，机器人将在2035年取代人类。

我在一篇冗长的论文里概述了人类创造性的若干重要条件（汪丁丁，2015年，"互联与深思"，《新政治经济学评论》第29期），其中有社会条件，此处不赘。不过，至少一位重要的机器人学家在达沃斯2015年"人工智能"论坛呼吁建构"机器人民主"（robots democracy）。

在奇点降临之前，目前人类达成的共识是，人类应尽力将自己转换为主要从事创造性工作的智能生命——为此，他不必继续保持生物形态（通过在脑内植入互联网芯片），他甚至可以借助诸如"全脑连接网络"（human connectomes）这类技术复制他的全部生命体验（参阅 Robin Hanson，2016，*The Age of Em: Work, Love and Life when Robots Rule the Earth*，Oxford University Press）。

人类何以具有创造性？我认为还是要返回康德的《判断力批判》。根据我的理解，康德在那本书里论证人类具有两种判断力，其一称为"范畴判断力"——即判断现象甲是否属于范畴 A 的能力；其二称为"反思判断力"——即当已有范畴不能涵盖现象甲时提出新范畴 A 使得甲确实属于 A 的能力。这里，反思判断力的运用包含着创造性。康德指出，在任何实际运用中的范畴判断力，也常需要运用反思判断力。例如，他在一个脚注里描述过，法官判案，哪怕法典倒背如流也无济于事，因为这里需要的是实践智慧，也就是康德所说的判断力。晚近发表的关于创造性思维的脑科学报告表明，创造性的两大前提是：1）联想；2）判断。

关于联想与创造的关系，学术界普遍持有的一种误解是，发散性思考（diversified thinking）是创造性的唯一特征。根据我的思想史阅读，这一误解源于老资格的人格心理学家埃森克（Hans Eysenck）后期为补充他的人格两维模型而提出的第三人格维度——"精神质"（psychoticism）。老埃森克在英国的临床案例中收集了统计显著的发散性思考与原创能力之间密切关系的数据，并且，符合经济学家"没有免费午餐"的信条。他的数据统计显著地表明，那些具有原创能力从而思维过于发散的人，与普通人相比更容易精神失常。何况塞内卡早就说过，没有哪一个天才是不带着疯狂的。因此，现代心理学家倾向于将精神分裂症视为原创性演化的代价——人类演化生存既然需要天才的帮助，那么人类就应尽可能包容天才陷入疯狂的倾向——伍迪·艾伦的名言：天才不需要接受伦理道德的约束。

但是普通人即将被机器人取代！所以，学术界必须澄清的是普通人而不是天才的创造性活动的心理结构。普通人的创造性需要两项前提，联想是其中一项，仅此绝不构成创造性本身，与联想相比甚至更重要的，是判断。每一个人的头脑，主要由前额叶承担这项工作，但还涉及诸如"场景记忆"这样的广泛脑区，每一个人的头脑都要为足够广泛发散的联想提供具有稳定功能的判断——由这些联想所得的千奇百怪的观念是否以及如何有助于求解目前困扰他的问题。

一个人为什么要投入到折磨人的创造性思考过程中去？因为他如果不如此就注定饱受他要求解的问题的折磨，那就意味着更大的痛苦。我常提醒周围的朋友关注自己的痛苦，因为如果一个人完全不能感受到自己的痛苦，他的创造欲望由何而来？这里，读者必须放弃关于原创思考的另一偏见——创造本身就是快乐。在人类演化的漫长历史中，人类始终面临生存压力，除了通常受家庭保护的儿童和偶然受社会保护的天才，他们极少获得如此多的闲暇时间以致可以从创造本身寻求快乐。一方面，闲暇的头脑更容易产生与生存环境无关的联想——所谓"遐想"；另一方面，面对生存竞争的压力，我们的头脑和身体积累了充分的（即能让我们生存的）判断力（实践智慧）。

判断力或实践智慧，从康德的时代开始就被认为主要来自实践。

在中国传统里，就是以"师徒相传"方式积累的实践智慧。注意，现代学堂取代传统私塾，或许最大的代价就是丢失了私塾的情感生活。梁漱溟概括中国文化的精髓为这样两项条件：1）相与之情厚；2）向上之心强。这里与梁先生陈述的顺序相反，我认为"相与之情厚"应当放在"向上之心强"之前。师生之间缺乏情感交流，学校成为"传授知识"的场所，这是当代教育失败的主因——当代教育也因为支付了这一沉重代价而获得了教师的规模经济收益。所谓"小班教学"的教学效果，或"人文学院"（liberal arts college）的教学效果，一方面来自师生比例降低导致的更充分的课堂交流；另一方面，我认为更主要的是，来自师生之间和学生之间可以有类似私塾那样的情感交流。因为越来越多的脑科学报告支持这一判断：正是基于情感交流或场景记忆（通常认为是"历史感"的心理基础），知识得以永久地保存在头脑里。

　　囿于篇幅，这篇短文的结尾，我认为可以是这样的：与天才类似，高智能自闭症儿童之所以成为"自闭的"，是因为在他们脑的"右侧颞顶交"（RTPJ, the right temporoparietal junction）——位于"右利手"儿童的右耳附近，面积与硬币相近的脑区——发育期间（也称为社会交往的"时间窗口"）缺乏"亲子交流"，从而产生超过限度的焦虑感，于是压抑了儿童的其他欲望（包括求知欲望）。也因此，我多次撰文提醒年轻父母关注"亲子交流"。

　　由此，我的关于人类创造性的论述就可转向创造性的社会条件。当然，那是另一篇短文的主题。

互联与深思

深思意味着对一切生活方式的反思，包括对互联网生活方式的反思。但是，互联与深思不是相互独立的，故而有必要讨论互联以何种方式妨碍并且以何种方式帮助深思。为此，这篇文章应从界定"深思"本身开篇。

其实思就是深思而不是浅思。但它在汉语里太常出现在"政治思想"口号里以致无法表达深思之意，只得与"深"字联用以达其本义。按照字的构造，"想"的原初形态是"相"呈现于"心"。甲骨文字有"相"，如目在树上远眺状。甲骨文有思而无想。"思"的甲骨文形态是"囟"（脑）呈现于"心"。也因此，金岳霖（《知识论》）认为"思议"是比"想象"更抽象的阶段，因为后者毕竟有"相"可依。

字源学考察，英文的"think"（思考）源于古日耳曼或古萨克森语"thenkian"，既有"想象"又有"感谢"之意，因此更接近汉字的"想"而不是"思"。由希腊文"voûς"（心灵、理解、知性）传入英文的"nous"（汉译"努斯"），涵义与"想象"和"直觉"相近。故而，西语传统里似乎没有对应于甲骨文字"思"的单词。就想象和直觉而言，苏格拉底是西方思想者的楷模。他的思考方式，很大程度上是想象和直觉的。真正与汉语"思"相近的西方的思，可能的转型期是后苏格拉底诸学派，例如斯多噶学派和新柏拉图学派。当然，也很可能发生于基督教的教父哲学时期，例如圣奥古斯丁的思，也就是真正的"反思"。所以，阿伦特阐述（Hannah Arendt, "Thinking", *The Life of the Mind*, vol.I），思想（Vita Contemplativa）的前提是从行动（Vita Activa）中抽身而出，才可进入反思。沉思的传统始于柏拉图和亚里士多德，但将沉思与实践完全分离的传统，应发生于亚里士多德之后（汪丁丁《新政治经济学讲义》第七讲）。

　　我们如何反思？这是界定"深思"时必须解答的第二个问题。意识反观意识自身，不可能同时发生。所以，意识只能在记忆中反观自身，即反观过去的意识。根据认知科学家波佩尔在《意识的限度：关于时间与意识的新见解》里报告的关于人类意识"现在"和"过去"的实验结论，通常（统计意义上的"平均而言"）我们说的"现在"，时间范围大约是3-5秒。所以，5秒之前意识的内容属于"过去"。我们反观自己过去的意识内容，从中得到什么？在斯多亚学派的思想传统里，反思就是在自由意志指导下使人生与宇宙的自然律保持协调。至今，检索"deep thinking"（深思）仍可见到现代英语这一短语用于宗教阅读（deep reading）或与思考人生终极目的相关的阅读。在现代英语中，深思似乎总是以思考的结果出现，即"deep thought"。可以理解，因为这是一个消费主义的时代，重要的是结果而不是过程。结果是，深思的结果呈现为文字时表现为"悖论"——因为思考者在思考过程中逐渐颠覆了思考由以开始的前提。例如，在日常生活中我们关于幸福的思考常有这样的表达：若不受苦则无幸福。

深思之为思考的过程，首先意味着，相对于日常生活中大多数人在大多数情境内的思考而言，深思似乎是更长的思考过程。其次，基于特殊的体验，深思其实可以跳跃从而不占用很长的思考时间——例如，有过强烈宗教体验的人，或在战争中有过刻骨铭心体验的人，或有过其他类型的刻骨铭心体验的人。当我们没有这类体验时，为了深思，我们往往要从喧闹的日常生活中抽身而出，如阿伦特描写的那样，避入静室，让时间成为唯一陪伴我们的消费品。或可假设，没有特殊体验的人若要深思，就要有足够长不受干扰的思考时间。也就是说，存在一个阈值 s，它取决于思考的主题和思考者的人生体验（包括人格特质和以往的阅读与思考）。深思若要有所结果，则思考时间 T 必须超过 s。但是这里的"结果"是一个待定义的概念，它取决于思考者的预期"a"和满意的标准"k"，例如，仅当 x−a>k 时停止思考，此处 x 是思考的内容，假设在思想中存在"超越"与"不足"这类运算关系。

仅就上述最粗浅的思考而言，互联时代的深思很可能是艰难的事情。因为思考者很可能没有足够的时间用于思考，于是很难满足 T>s。如果任一社会的任一社会成员都不能满足 T>s，那么，社会的思想 x 就不能满足任何给定的 a 和 k。在奈特的"社会过程"学说视角下，这样的社会很危险，因为它完全没有能力感受那些对它的生存至关重要的问题（汪丁丁《新政治经济学讲义》第四讲第五节和第五讲第一节）。我们知道，一个社会总有"精英群体"——由承担着"感受重要问题"这一职能的社会成员组成。在更古老的人类社会里，这些社会成员通常有最丰富或最深刻的人生体验且因此而有智慧。现代社会的危险首先不在于每一个人用于思考的时间越来越少，而在于精英群体不再由有智慧的人组成，我称之为"精英失灵"——类比于"市场失灵"和"政府失灵"。

深思常要求批判性思考（critical thinking），尤其是在思考难以深入的时候。批判性思考的德文涵义是将思考运用于思考自身，康德解释过，所谓"反身性"（reflectivity）就是"为观念划界"。任一观念，例如"理性"，必有适用范围。越出适用范围，观念的运用就成为滥用，所以在康德那里理性的反身性，就要求理性为理性自身划界。另一方面，在休谟的时代，英文"critics"常指文学批评。一般意义的文学批评不仅是文学的而且更多是历史的和政治的，从而与"智慧"相关。在文学批评中，批判性思考意味着"换位思考"。例如，休谟和斯密在分析人类通有的"同情共感"能力时，表现出典型的换位思考——我们对他人苦难的同情心引发我们的正义感，我们对他人快乐的同情心引发我们的仁慈感。

深思的令人满意的结果，往往导致原创观念（original idea）。也因此，与深思联系着的是原创性思考（original thinking）。这两个短语共通的中文翻译，我认为是"原创思想"。在我阅读范围内，原创思想有至少三种来源：（1）神启。这是人类体验并记录的原创思想的最古老来源；（2）天才。自从有了人群，就有关于天才的记录，这些记录由现代关于天才的科学研究报告继承并拓展。天才对人类的贡献，虽万千倍于普通人，却很少能够生存。这就意味着，我们知道的天才人物的数量不足被我们扼杀了的天才人物数量的千分之一。对天才的研究表明，一个社会能够享有的天才数量正比于该社会的宽容程度。稍后，我将回到这一主题；

（3）发散性思考（divergent thinking）。这是埃森克在确立"精神质"（psychoticism）这一人格维度时提供的解释，今天被广泛承认。脑内的神经元社会网络结构，依照演化和分工的原则，分化为各种功能模块，也称"局域网络"。在每一局域网络内部形成的任何观念，因为不新，故不是原创的。埃森克以及后来的脑科学研究表明，创造性的观念过程（creative ideation）伴随着大范围脑区的激发（图1取自 Rita Carter，1998，*Mapping the Mind*，University of California Press，p.196）。这里呈现的是被试用单词描述看到的行为时的脑图，第一行是内侧前额叶的激活状况，第二行是脑左半球的激活状况。左列是被试执行艰难认知任务时的脑区激活状况，中列是被试执行熟悉的认知任务时的脑区激活状况，右列是被试努力寻找更合适的语词时的脑区激活状况。这一组功能核磁共振脑图表明：人脑倾向于将熟悉的任务交给专业化的脑区模块处理，故只有局域脑区激活。当人脑处于完全的创新阶段时，被激活的脑区范围最大。最新发表的文献意味着，原创思考是脑的整体性质（参阅：Maria Starchenko，et. al.，conference paper abstract，2014-November，"Brain Organization in Creative Thinking"，*International Journal of Psychophysiology*，vol.94，pp.120–261）。最近发表的关于原创观念的一份研究报告表明：与我们关于深思的经典见解似乎相反，群体思考（group thinking）远比个体思考更适合求解高难度问题。稍后，我将回到这一主题。

大量关于原创思想的记录和研究报告表明，原创思想伴随着激情。思想者，恰如罗丹的同名雕塑，沉浸于激情之中。更确切的心理学描述是：对将要发生的突破性进展的预期与直觉，指引着思考的路向并激励思考者紧张地探索一切可能的突破方向。

这里需要探讨的问题是：（1）伴随原创思想的激情是否为某一类特殊情感，或是仅由紧张思考引发的情绪波动；（2）完全的无激情状态，是否不可能产生原创思想。与此相关的是情感交往和网络社会科学的研究课题。稍后，我将回到这一主题。

阅读2010年以来发表的关于"原创观念"脑科学几十份研究报告，可列出有助于产生原创观念的条件：（1）认知能力。这是心理学相当经典的研究主题，延续至今，每年都有不少研究报告发表，关键词检索"cognition"+"creativity"可看到相关文献。例如关于一位数学天赋儿童的脑科学报告显示，他脑内的神经元网络对

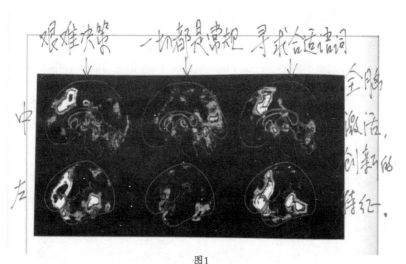

图1

数字格外敏感，运算速度似乎比普通人快几十倍。更经典的案例是人工智能专家们关于国际象棋大师脑活动的研究报告，大师的脑区已经非常专业化了，所以他们可以迅速调动几百种棋局。由于是经典主题，此处推荐一篇2007年的报告：Eric Rietzschel, et. Al, "Relative Accessibility of Domain Knowledge and Creativity: The Effects of Knowledge Activation on the Quantity and Originality of Generated Ideas", *Journal of Experimental Social Psychology*, vol.43, pp.933-946。人脑的认知能力毕竟有限，所以电脑"深蓝"可以击败国际象棋大师。但电脑的原创能力似乎不如人脑，这就意味着原创性可能主要来自认知能力以外的其他方面；（2）想象（perception）或注意力的合理配置。这是经典的也是目前最活跃的研究领域，尤其在互联时代，真正稀缺的不是知识而是注意力。但是集中注意力不必甚至根本不能导致原创观念。与此相反的共识是，发散型思考最可能产生原创观念。危险在于，过度发散的思考往往导致很高的精神分裂性人格得分（参阅：Kyle Minor, et. al., 2014, "Predicting Creativity: The Role of Psychometric Schizotypy and Cannabis Use in Diver-gent Thinking", *Psychiatry Research*, vol.220, pp.205-210）。所以，原创思考要求心智在正常状态与癫疯状态之间保持平衡；（3）社会交往情境。这是真正现代的心理学研究主题（古典心理学主要研究个体心理而非社会交往心理）。例如"idea sharing"（观念分享）实验，在五种难度级别的思考任务的最难级别的思考之前，如果允许被试有30秒时间分享他们的思考，那么，这组被试在最高难度思考任务的得分显著高于不允许分享的被试（参阅：Andreas Fink, et. al., 2010, "Enhancing Creativity by Means of Cognitive Stimulation: Evidence from an fMRI Study", *NeuroImage*, vol.52, pp.1687–1695）；（4）睡眠模式。这也是现代心理学的研究主题。古典心理学观点是，睡眠有助于创造性。借助各种仪器，人类每天的睡眠被分为若干"快速眼球转动的睡眠"（REM sleep）睡眠周期和非快速眼球转动（NREM sleep）睡眠周期的组合。1990年代后期的研究表明，快速眼球转动的睡眠对于哺乳动物个体将白天习得的生命攸关的知识从短期记忆转为长期记忆非常重要。晚近的研究表明，在非快速眼球转动睡眠周期之内存在一种波长可变的睡眠模式（CAPs），根据脑电波显示仪，这一模式又可分为三种类型 A1、A2、A3，其中 A1 类型被认为与原创思考时大脑的发散模式密切相关，而这一类型反映的是大脑皮质在睡眠过程中"若即若离"的状态，既非完全休息又非完全清醒（参阅：Valeria Drago, et. al., 2011, "Cyclic Alternating Pattern in Sleep and Its Relationship to Creativity", *Sleep Medicine*, vol.12, pp.361–366）；（5）社会网络的整体性质与社会网络的局部性。这一领域文献极多，与创造性思维密切相关的是所谓"小世界"网络研究。首先，灵长类的脑演化与群体规模之间有强烈的正向关系（如图2所示）。

横轴表示根据灵长类各种群样本计算的"新脑比重"——即新脑皮质体积与大脑皮质其余部分体积之比，纵轴表示灵长类各种群平均群体规模（取10的对数）。包括人类在内的猿类由空心圆图标表示，人类的空心圆在最上端。这张图表明，（1）群体规模与新脑

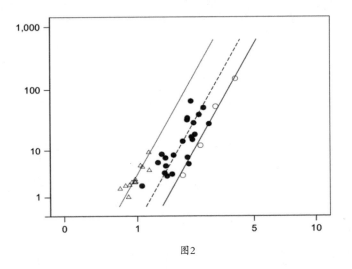

图2

比重显著正相关。（2）人类群体规模突破了100这一长期限制。参阅：Robin Dunbar, 2009, "Darwin and the Ghost of Phineas Gage: Neuro-Evolution and the Social Brain", *Cortex*, vol.45, pp.1119–1125；（3）人类群体规模突破（2）所说的100限制，是长期演化的结果（如图3所示）。参阅：Coward and Gamble, 2008, "Big Brains, Small Worlds: Material Culture and the Evolution of the Mind", *Philosophical Transactions: Biological Sciences*, vol.363, no.1499, *The Sapient Mind: Archaeology Meets Neuroscience*, pp.1969–1979。

图3的横轴表示时间回溯，单位是"百万年"，纵轴表示群体规模，单位是"群内个体数量"。样本是灵长类种群内个体平均的"新脑比重"。图3表明，人类群体规模在100以下停留了300万年，只在最近25万年才开始突破这一限制。最后，目前尚未达成

共识的一项研究发现：当大脑处于静息状态时，它的内部影响网络，被视为"有向图"的时候，具有"小世界"拓扑结构，参阅：Lu（南京大学医学院）and Chen（成都电子科技大学），et. al., 2011, "Small-World Directed Networks in the Human Brain: Multivariate Granger Causality Analysis of Resting-State fMRI", *NeuroImage*, vol.54, pp.2683-2694。法国的一组作者发现，马尔科夫模型可以更好拟合功能核磁共振信号的脑关联结构，但是这一更好的拟合必须假设脑内神经元网络具有"小世界"拓扑结构。参阅：G. Varoquaux, et. al., 2012, "Markov Models for fMRI Correlation Structures: Is Brain Functional Connectivity Small World, or Decomposable into Networks?", *Journal of Physiology-Paris*, vol.106, pp.212-221。荷兰和伊朗的一组作者发现，唐氏综合症儿童的脑内神经元网络结构类似于受到干扰的小世界网络。参阅：Masoud Gharib, 2013, "Disrupted Small-

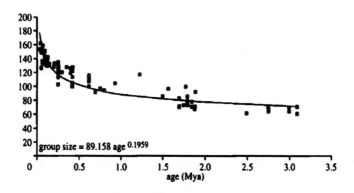

图3

World Brain Network in Children with Down Syndrome",
Clinical Neurophysiology, vol.124, pp.1755-1764。中科院自动
化所与中国台湾学者联合发表的一篇研究报告表明，精神分裂症
患者的脑结构可视为受到干扰的小世界网络。参阅：Jiang and
Lin，2012，"Anatomical Insights into Disrupted Small-World
Networks in Schizophrenia"，NeuroImage，vol.59，pp.1085-
1093。

关于"小世界"网络，经典论文是：Duncan Watts，1999，
"Networks, Dynamics, and the Small-World Phenomenon"，
American Journal of Sociology，vol.105，no.2，pp.493-527；
Duncan Watts，2004，"The New Science of Networks"，*Annual
Review of Sociology*，vol.30，pp.243-270。这位作者以建立"小世界"
研究范式著称于世。这篇发表于1999年的文章里，他列出小世界网
络的四项必要条件：

（1）网络所含节点总数远大于节点平均度数；

（2）节点平均度数远大于节点总数的对数；

（3）最大节点度数远小于网络所含节点总数；

（4）局部网络有较高的团块性。

至今，在数百万年里，人类社会经历了三种网络状态：

（1）洞穴时代的社会网络。每一洞穴内的十几名人类成员构成
完全连接的局部网络故而平均团聚性很高（接近1）。但洞穴之间几
乎没有联系故社会网络的平均距离很远（接近1）；

（2）工业化时代的社会网络。典型的小世界网络。平均距离和

平均团聚性都介于0和1之间；

（3）完全随机连接时代的社会网络。这十分接近今天我们所处的"互联时代"。平均距离和平均团聚性都很近（接近0）。在他2004年的文章里（如图4所示），上述三种基本的社会网络被概括为单一参量（随机改接的纽带数目占总纽带数目的比例）连续变动的结果。

许多作者考察了现实世界的网络结构，例如经典文献：H.E. Stanley, et. al., 2000, "Classes of Small-World Networkds", *Proceedings of the National Academy of Sciences of the United States of America*, vol.97, no.21, pp.11149-11152。根据这些考察，网络社会科学界达成共识的结论之一是（Matthew Jackson, 2008, *Social and Economic Networks*, Princeton University Press）：关于合作（或不合作）的信息（或病毒）在小世界网络里有足够小的传

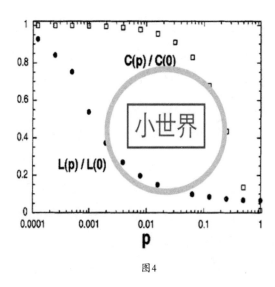

图4

播成本，并且小世界网络的局部团聚性足够支持各种合作行为，所以，"小世界"是最有利于合作秩序不断扩展的社会网络。与此相比，合作秩序在洞穴人的社会网络里难以扩展，而在完全随机的社会网络里又太缺乏信任感支持。

在图4显示的三种基本社会网络中，左上角代表"洞穴人"的社会网络，右下角代表"完全随机"的社会网络。在现实世界里，传统农村社会——所谓"熟人社会"和"鸡犬之声相闻，老死不相往来"，可视为"洞穴人"网络结构。另一方面，现代都市社会——强烈的冷漠感（太弱的团聚性）和强烈的随机性（太短的平均距离），可视为"完全随机"网络结构。

现在我们可将想象中的"思考者"试着分别嵌入于上述基本社会网络内，从而可推测他的原创思考能力在何种程度上受到激发或被压抑。

有一种文化现象，至少被人类学家视为"文化现象"，最初由克鲁伯（Alfred Louis Kroeber, 1876–1960）注意到并就此发表了一些初步的研究成果。关于美国人类学家最初的几位泰斗，我在《新政治经济学讲义》第八讲有这样一段文字："洪堡的文化人类学观念由他的学生博厄斯（Franz Boas, 1858–1942）带到美国哥伦比亚大学，成为美国人类学和现代人类学的开端。"克鲁伯于1901年获得哥伦比亚大学人类学博士学位，他的导师就是博厄斯。克鲁伯注意到，伟大文明的创造性是突发性的而不是均匀分布的。他收集了西方文化传统中的创造性作品的大量数据（如图5所示），后来他指导的一名博士生，也成为人类学名家，继续研究文明的创造性问题，

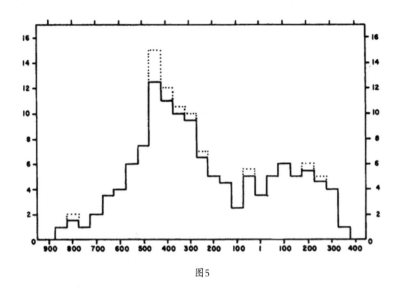

图5

图6取自他的这位学生发表的文章（参阅：Charles Edward Gray, 1966, "A Measurement of Creativity in Western Civilization", *American Anthropologist*, vol.68, no.6, pp.1384-1417）。

克鲁伯的图5显示的是公元前900年至公元400年之间古代希腊罗马文明的创造性波动，他收集的数据仅限于艺术和哲学。纵轴代表极富原创性的艺术作品和哲学作品的件数，鼎盛时期（对应于柏拉图的时代）不过十几件这样的作品，可见克鲁伯的标准很苛刻。格雷，就是克鲁伯的学生，用另一指标来度量文明创造性，他的图6，纵轴代表极富原创性的人物按照重要性加权得到的数目，横轴代表时间，格雷的研究是接着老师的工作，研究时间从公元850年到公元1935年。这里出现了三次创造性突发期：1620年代，1830年代，1900年代。

荣格多次阐述"意识"的结构，他将"集体无意识"视为一种

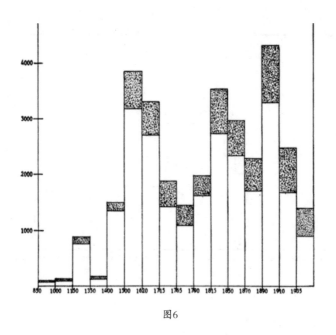

图6

心理能量流（the psyche energy）。图7是三年前我读荣格著作时绘制的示意图。荣格认为不仅人类分享而且人类与哺乳动物甚至更低级的动物分享集体无意识。似乎地球上的心理能量流决定了全体生命现象。也因此，荣格描述的生命现象（图示"inner world"），更像是地下生长的根茎团块，纠缠交错，仅当这些根茎偶然涌现到地面之上时，才表现为个体生命（图示"personality"），才有单独的枝干和果实，所谓"外部世界"（图示的"the outer world"）。关于创造性活动的心理学研究，晚近十几年有大量文献发表。研究者们试图理解的最令人困惑的心理现象是：原创性与精神分裂（或"狂躁－抑郁"两极化）人格特质之间呈现统计显著且强烈的正相关性。

　　相当多的文献作者注意到原创观念的最大特征是思考者的强烈

发散型的思维方式，故而他们试图从演化学说寻求解释，将精神分裂型人格（通常由强烈发散型的思维方式引发）视为生命个体为使他们所属群体保持一定的创新能力以适应变幻莫测的生存环境而支付的代价。我在行为经济学课堂介绍过这些文献，此处不赘。总之，图5和图6意味着，地球上的心理能量流显然不是常量，故原创观念或原创人物的涌现是突发性的。我在介绍苏格兰启蒙学派和维也纳学派的文章里也分别探讨过这一主题：人类社会的天才人物，沿时间维度的分布密度非常不均匀。总之，存在一些蛛丝马迹向我们暗示，人类的创造性确实是痉挛式降临的。创造性极强的人物密集出现在某些时段，而在其余的时段则完全消失。

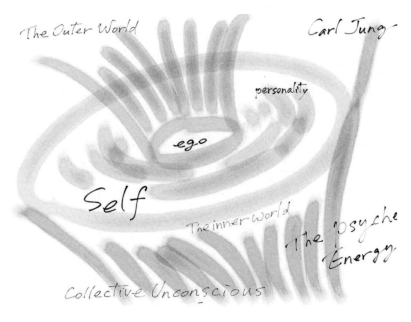

图7

我们可从图5和图6推测人类原创性的几个爆发期，第一次爆发期对应于雅典城邦的鼎盛期，而雅典的民主制度始终被认为是最优越且后来者无法模仿的（因为人口迅速增加而不再有雅典式的"直接民主"）。第二次爆发期大致对应于"文艺复兴"运动，那时的意大利城邦似乎也被认为是采取了很优秀的制度。第三次爆发期和第四次爆发期分别在19世纪初叶以及19世纪和20世纪的交替处，很难判断那时的社会制度是否比现代的更优越，但我们从第一次世界大战之后弥漫欧洲知识界的悲观主义情绪，不难判断大战之前的100年在他们看来确实是西方文明的黄金时代。

波默尔关于制度和企业家才能之间关系的文章（参阅：William Baumol，1990，"Entrepreneurship: Productive, Unproductive and Destructive"，*Journal of Political Economy*，vol.98，no.5，Part 1，pp.893-921）与上述主题密切相关。图8取自2011年我在北京大学讲授的新政治经济学研究生课程第六讲，充分表现了波默尔这篇文章的涵义。人格心理学家埃森克关于创造能力的研究工作支持了波默尔的这一假设：给定时期给定人群的企业家才能总量不变。所以，我画了一条概率密度分布曲线（如图8所示），大约是正态分布，在同一坐标系里，老埃森克画了一条创造能力的分布密度曲线，表现了人群当中少数人（在正态分布峰值的右侧）的创造性的分布。事实上，这条曲线是老埃森克临床观察到的被他定义为"精神质"的人格特质的分布密度。构成这一分布的样本，至少具有"反社会型人格"，多数具有"犯罪倾向"，而在最右侧的则是精神分裂症患者。我在正态分布曲线和"精神质"人格分布曲线中间画了一个宽箭头

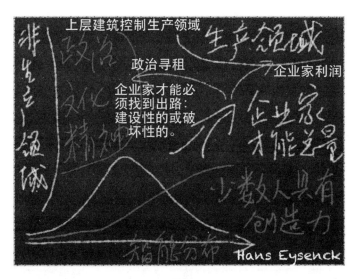

图8

指向"企业家才能总量",意思是,企业家才能其实是这两条曲线之间的某种平衡——不能太平庸如普罗大众,也不能太孤僻如精神分裂症患者。

波默尔的论点是,如果一个社会的制度有利于企业家才能被引导至生产性(企业)和建设性(文化、政治、艺术)的领域,那么这一社会的犯罪率就应大幅度下降。反之,当制度阻碍企业家才能的宣泄时,犯罪率大幅度上升。因为对于深层心理分析学家而言,这是一项基本事实:人类的创造力源自无意识世界。如同一口沸腾的大锅,涌现到意识之内的只是极少数的泡泡,表现为"创意"。有鉴于此,制度对企业家才能的疏导就显得至关重要了。图9,仍取自2011年我在北京大学讲授的新政治经济学研究班课程第六讲,根据老埃森克和波默尔的上述论点,我大致刻画了有利于疏导人群创造

企业家才能的配置效率：发展机会与个体特质自由匹配。

图9

性冲动的制度特征，当然，是理想特征。

这些理想特征当中，或许"宽容"之于天才人物的顺利生存是最重要的社会因素，其次才是诸如"自由""民主""效率"等因素。虽然，所有这些特征，长期而言取决于奈特定义的"社会过程"。奈特的社会过程学说意味着这样的"社会选择"基本议题：任一文明可能达到的文明水平最终取决于这一文明能够容忍和鼓励的多元化（个体自由）程度，同时维系自身不致因这样的个体自由而瓦解。

如果一个社会陷入完全无序状态，它就很难保护或鼓励原创观念或有极强创造性的人物的生存。另一方面，如果一个社会只停留在洞穴时代，从无可能获得新鲜的与众不同的信息，那么它也很难产生原创观念。如果这一判断可以成立，则只有"小世界"社会网络适合于产生原创观念。

对于制定与互联网相关的公共政策而言，真正困难的不是上述这些基本原则，而是寻找适合于特定时期、特定社会情境的小世界网络。因为我们知道，符合小世界拓扑结构的社会网络的集合，几乎涵盖了纯粹的官僚科层权力结构之外的大部分结构。

当然，小世界网络的集合哪怕包罗万象，也绝不意味着任何一个小世界网络必定是自我稳定的。事实上，目前的互联技术趋势很可能使人类社会迅速离开小世界并进入冷漠时代的拓扑结构。也因此，晚近几十年兴起于西方的"社群主义"思潮的追随者们热衷于"面对面的交往"（face-to-face communication）。换句话说，在世界趋于冷漠（完全随机互联）的时候，为使更多的原创观念有机会涌现出来，公共政策必须充分顾及人与人之间的深层情感交流（in-depth emotional involvement）。

复杂思维为何艰难

我必须首先定义"简单思维"，否则根本无法谈论复杂思维。为了洞察简单思维，我在2009年发表了一篇冗长的文章，标题是《哈耶克＜感觉的秩序＞导读》。虽然，至今国内也没有人来翻译哈耶克的这部艰涩作品，读者不妨在网上检索阅读我那篇"导读"，就很容易理解我这篇文章的开篇。

我们脑内的神经元网络结构，哈耶克在年轻时正确地猜到了，是生物个体对外在环境和内在体验的一套复杂庞大的分类体系。外在的和内在的体验，被哈耶克求学时代的心理学家视为"刺激"，类比于最简单的"刺激－反射"系统。只不过脑对刺激的"反射"早已演化到非常高级的阶段，甚至有了"信仰"（也被宗教心理学家称为"符号行为"）。不论如何，当我们的脑系统接收到一项刺激时，从漫长的演化（几十亿年）经过"物竞天择"繁衍至今的个体生命的脑，形成了一套基本的功能，就是对这项刺激进行分类，将它归入某一类别。有了符号能力的生物体（例如人类），表现出这样一种符号能力：仅仅接收到有限多次的同类刺激就可建立足以为无限多次的这一类刺激分类的"范畴"（概念或观念或理念）。金岳霖先生喜欢将范畴当作动词来使用，因为我们范畴我们的体验，这就直接描述了我们脑的分类活动。

例如，此时此地天上飘过一片云，刚学会说话的孩子看到之后，不晓得是何物。引述维特根斯坦和罗素对相对于"派生概念"而成立的"基本概念"的定义，若这孩子信任的一位成年人恰好在这孩子的注意力集中于这片云的时刻指着这片云告诉这孩子说：这是"云"。这一过程重复若干次，这孩子通常就可自己指着一片云说那是云，而不必再问那是什么。读者或许不能想象这是思维的多么关键的"飞跃"，以致脑科学家和哲学家在最近几十年里试图解释这一飞跃为何似乎仅在人类才可能。大量的实验表明，黑猩猩（最接近人类的灵长类动物）经过几十年训练也难以实现这一从"现象"（有限次的经验）到"概念"（无限次的可能经验）的飞跃。

柏格森是西方思想界的一位著名人物。据史家考证，纽约百老汇大道（英文名称就是"宽阔大道"的意思）建成之后首次有记录的交通阻塞，是因为20世纪初柏格森首次访问纽约，万人空巷争睹名家风采而导致的。柏格森对1920年代中国知识界领袖们（例如梁启超和张东荪）影响深远，他的创造性演化理论，今天译为"创化论"，张东荪译为"突创论"。柏格森有一本小册子，中译本是《材料与记忆》（实在是很糟糕的标题）。在这本小册子里，柏格森探讨上述令人困惑的问题：人类为何需要概念？这位公认的天才，经过或许很迅速或许很艰难的思索，提供了这样的回答：人类需要概念是因为概念可以节省大量的体验，于是节省了大量的时间（也就是节省了生命）。基于前述，读者应当很容易就接受柏格森这一回答。否则，每一生命个体都要站在地上看飘过的云，从生到死，也还是不能满足对每一片正在飘过的云的好奇，还要询问那是什么。

有了概念，我们用概念去范畴每一类体验。当我们的脑将一项刺激成功地分类到某一范畴之内时，脑内的"好奇"（与血清素焦虑感和多巴胺幸福感密切相关）就会大大减弱，于是我们的注意力转向其他的新奇事物。毫不夸张地说，大多数科学家相信人类只是因为获得了符号能力（包括语言），在智识方面（需要积累许多体验），才终于超越了一切灵长类和地球上的其他物种。尽管，在任何其他方面（肢体、嗅觉、听觉、视觉……）人类似乎都不是占优的物种。有迹象表明，人类进入"知识社会"以来，在生活的一切方面都格外地依赖于概念以致逐渐丢失了常识。这一趋势，我称为"知识的官僚化"——知识不再是基于人生感悟的动态过程，而是仅仅基于书本知识或其他同样抽象的知识的静态过程。

那么，我们怎样范畴？对"逻辑"的心理学研究表明，我们似乎最习惯于将刺激归入"A"或者"非A"。也就是说，我们习惯于非黑即白的思维模式。我推测，这是因为大约一亿年前，我们远祖的哺乳动物脑最初形成分类系统时，它们生存的环境（外在刺激）和它们身体的结构（内在刺激）远比人类简单。根据叔本华和一位当代脑科学家的推测，这套分类系统的演化史可能追溯到最早的软体动物海星的行为模式。海星在触碰到障碍物时，它的分类很简单：要么这是障碍，要么这不是障碍。然后，它的解释神经元（脑科学家称为"中介神经元"），也就是承担了分类功能的神经元，据此发出移动肢体的信号，如果是障碍，肢体就转换探索的方向，如果不是障碍，肢体就跨越。显然，海星可以有更复杂的分类：是障碍，不是障碍，很可能是障碍，很可能不是障碍，以概率0.5不是障碍……演化学说的创始人达尔文，据思想史家考证，从我们经济学家斯密这里借用了一项经济学原理：天下没有免费午餐。海星要有更复杂的分类系统，代价可能很高以致不必有。因为，人工智能学家很容易论证，海星可以只有最简单的非黑即白分类系统，但可以很容易地"学习"。例如试错，假设碰到了障碍物，肢体试着向上移动，每移动一步，中介神经元系统就对新接收的刺激加以分类：是障碍或不是障碍。显然，同一套简单分类系统，足以试错地学习和认识海星的环境。

如果不是因为自寻烦恼的话，人类其实也可以如海星那样生活。我请读者自己解释这一关键性的事实：美国人是世界公认的"天真"民族，反而比中国人的思维模式更复杂。我的观察是，中国人有太多太多的简单思维模式。鲁迅批评中国人不懂逻辑，姑且认为是"情有可原"。我推测，几十年来我们在确立大众的思维模式方面成果卓著。恕我引用这一经典的简单思维模式：凡是敌人反对的我们就要拥护，凡是敌人拥护的我们就要反对。

或许我这样描述也复杂了一些。那么，再简单一些，记者在街头询问每一个人：你幸福吗？记者想过没有可能得到的回答是什么？我观察，记者只是简单地希望得到非黑即白的回答：我幸福，或者，我不幸福。可是，在至少一个镜头里，一位被问到这一问题的路人说很难简单回答。因为，亚里士多德系统地论证过，大多数人不能说幸福也不能说不幸福。

我可以没完没了地举例说明一些中国人的简单思维到了怎样泛

滥而无药可救的程度，比如网络思维。今天，学术界讨论网络思维模式，是因为二十几年前有一位西方思想家提出"全球脑"或"地球的心智层"这一观念，被互联网的研究者们公认是超前且合理的想象。可是今天在汉语里面，网络思维还有一种含义，就是简单化的思维。因为网络语言确实非常简单，你是敌人就要被谩骂至死，要么就永远屏蔽你的主页（称为"拉黑"）。

要命的是，中国正经历变革的前期。此时，中国人最不应有的就是简单思维。对不起，我太复杂，所以难以避免复杂情况的想象。如果我们这些简单思维的中国人在美国生活，反而不必复杂思维。

简单思维的中国人，可以适应美国政治，但很难搞好中国转型期的政治。假设我们要求政治的民主化，于是我们必须有更多的政治竞争或政治抗争。可是任何抗争性的政治，怎样防止它激化为革命或政变或社会动乱？欧洲以及发展中国家的政治经验表明，参与政治抗争的群体及其领袖，他们各自扮演着的政治角色，必须有合适的度。一旦他们的行为越过了合适的度，集体抗争的性质就迅速改变，要么成为社会动乱，要么引来民族分裂，要么导致内战。

怎样才是合适的度？我能够想象的政治情境，在转型期社会里，几乎无一例外都是复杂的。也就是说，政治角色的扮演者不能运用刚刚定义过的"简单思维"方式来判断自己行为的度。如果有谁怀疑这一点，不妨回顾三十多年改革的历程，哪一阶段的政治表达是可以用简单思维来阐释的？试问一例，"有计划的商品经济"可以简单地分类吗？再问一例，"中国特色的市场经济"可以简单地分类吗？回去想想，你幸福吗？你大可以认为幸福很简单，世界上可能有简单的幸福，但哈佛心理学家吉尔伯特2004年发表的长期研究结果表明那种幸福并不真实，或许它仅仅是流行歌词而已。吉尔伯特指出，如果你满足于流行歌词里的幸福定义，你是在自欺欺人。这就意味着，你迟早后悔。如果你坚决不后悔——我见过这类绝不后悔的人，你也并不因此而幸福。因为，用行为经济学的术语来说，你这是试图弥补"认知不协调"的行为。

回到主题，人类思维是怎样演变得日益复杂的呢？参阅我2012年发表的《行为经济学讲义》，在那部讲义里，我提供的大批科学文献，理由充分地论证，我们人类的思维（感觉、判断、概念）之所以如此复杂，很可能是因为人类学会了欺骗，于是必须学会防止被欺骗（监测欺骗）。不要问我最初的欺骗行为是怎样发生的，也许猴子欺骗？也许……总之，欺骗和防止欺骗，极大地激发了人类的脑量，以致在至多几十万年内，脑量超过了根据"脑－身"比重可以预期的脑量的几十倍。今天，人脑每天消耗的能量大约占身体消耗能量的四分之一。但是，这样的代价可能很值。因为欺骗（策略）和防止欺骗（策略）相互激发，最终使人类获得了足够丰富的想象力，于是大约在三万年前，人类有了符号能力，甚至有了宗教想象。从那时开始，人类进入了一个今天被演化理论家们称为"基因与文化"共生演化的阶段。

那么，复杂思维为何艰难？任何一名例如在美国出生并接受教育的中国人，其实不感觉自己的思维方式多么复杂。因为从幼儿园或更早的时期，她就开始习惯于复杂思维。例如，故事里的人物很难固定地成为好人或坏人。她也习惯于同情和博爱，哪怕是对坏人的同情和博爱。到了中学，她还知道人们普遍不信任政府，但警察有义务帮助素不相识的每一个孩子。到了高中或大学，她终于明白爱情很不简单，诸如此类的不能简单对待的，还有自由和权利。

只是在中国，要想肃清应试教育和其他一切方面的余毒，谈何容易？最普通的中国人，例如一家高档餐馆里的一名服务员，当你询问今天的这条鱼为何不新鲜时，都会以很高的概率不假思索地告诉你，这是当天买来的鱼绝无可能不新鲜。换句话说，大多数中国人被官僚化了的日常生活训练成为只能以简单思维来应付复杂情境，并表现为"扯谎"——可能是一种善意的或公开的谎言。对比一下，如果上述情境发生在美国的一家档次可比的餐馆里，我的体验是，任何一名服务员，以很高的概率，非常认真地倾听你的抱怨并将你的菜肴端起来观察甚至品尝，然后，如果她也同意你的见解，她通常会将主厨请来向你解释当天的鱼，发生了哪些可能的情况。有这样一句话："具体问题具体分析"。概括而言，这句话正好描述了复杂思维。只要尊重具体情况，官僚化的知识就会瓦解。

更可怕的知识官僚化发生在医院里，主要因为每位医生每天要接诊的患者数早已超出正常标准，以致只能在几分钟之内写诊断并开处方。据统计，北京、上海、广州的三甲医院里，平均每位患者逗留三小时以上，主要不是与医生面对面，而是与各种检测仪器面对面。在仅有几分钟与患者面对面的谈话中，医生要有多么高超的能力才可判断每位患者的"具体情况"并"具体分析"？难怪患者家属抱怨医生不负责任，因为他们很熟悉患者的具体情况，也获取了相当多的医疗信息。最后，为害最广泛的知识官僚化，发生在政府各部门。中国法律有效的部分，主要是政策，或部门法（解释权在各部门）。根据我的观察，大部分政策之所以事后显得荒唐，是因为政策的最初版本不是在考察了大量具体情况之后制订，而是在办公室里对着电脑（数据库）和互联网（舆情观察）制订的，还美其名曰"专家"系统。

张五常抱怨说，与二十几年前相比，今天的立法者，错了还不肯承认是错了，说是要维护法律之尊严。德鲁克认为，在管理革命的时代（即"知识社会"），最糟糕的就是这些专家。我听周其仁描述过，某些专家在基层"调查"的时候，脑子里根本不会想着基层的根本问题是什么，因为他们一心琢磨的是上级最喜欢什么样的调查结果。许多年前，我带女儿到北京儿童医院急诊，可能是急性肠胃炎，但连续三次的化验报告，医生都说"不正确"。于是化验室问我，医生需要什么样的结果。这段故事，与周其仁描述的专家行为如出一辙。

现在读者明白复杂思维为何艰难了吧？因为知识社会的知识官僚化趋势，但这只是人类通有的问题，它还不包括中国本土的问题——任何中国问题都有人类通有的方面和中国本土的方面。因为长期以来我们建立并维持了一套人人都可以不负责的制度，既然如此，人人就都可以简单思维——因为这是最省力的思维。发达的市场社会不是这样，在那里你必须对自己的行为负责，哪怕你认为自己的行为源自童年甚至家族基因。确实，这有些冷酷。不过也因此，人人必须为自己负责，于是不敢简单思维，毕竟思维复杂才可能有更幸福的生活。

上述的解释还需扩展，至少要追溯到1920年间那场"科学与玄学之争"，与长期以来在中国占支配地位的科学主义思维密切关联。中国的科学主义只不过是西方现代思潮的一个版本，而西方科学由于狄尔泰等人在1890年代的人文精神论说，更由于杜威关于"确定性的丧失"之哲学，最后由于法兰克福学派和哈贝马斯的批判叙事，以及最近二十年兴起的"第三种文化"（介于科学与人文之间），早已不再有支配地位。

　　科学叙事要求有观察者（主体）和对象（客体）以及关于对象的本质刻画（规律）。如若科学家不相信这些预设，科学无从开始。在这些预设之下，科学家收集数据（观测）并使用统计方法（描述性的与推断性的）。但当科学家从自然界转向人文领域时，我们知道人文的功能在于为生命提供意义（活着的理由），而"意义"之所以有意义就在于它融入到情感之中。我喜欢詹姆士的描述：私己的显著性——首先是非你莫属（私己），其次是显著性（你无法忽视），这两者的联合作用引致情绪波动（意义）。当科学家面对人文领域时，首先要理解的就是意义。对于意义——私己的显著性，任何基于"大数定律"（服从高斯分布）的统计方法必定失效。也因此，哈耶克（参阅《哈耶克文选》与"复杂现象论"相关的章节）不相信统计方法。

　　意义的探究，要求探究者与被探究者同情共感。故而小说家可以探究意义，诗人更常探究自己的意义，哲学家和史学家更常探究的是人群的意义。社会科学（"社会"＋"科学"）的尴尬，就在于它探究的是介于科学与人文之间的领域，于是在选择探究方法时左右为难。

关于意义，最重要的性质是，它是网络状的而不是直线型的。吉尔兹描述最真切：人是悬挂在意义之网里的动物。意义是网状的，所以基于意义或被意义驱动着的人的行为就是多因多果而不是单因果链的。其实，自然界的现象大多也是多因多果的。只不过不必探究意义，故而科学探究并不复杂。

简单思维更适应单因果链的探究而不能适应网状因果的探究，于是简单思维发达的中国人更经常地假设世界是单因果链的而不是网状因果的。例如，我周围真有许多人相信今天的世界格局是五百年前由共济会策划的阴谋，所谓"共济会阴谋"论。其实，只要你在维基百科检索"共济会"相关内容（很多且很多元），不难得到你自己的判断。我写过一篇文章《阴谋论为什么不正确》，此处不赘。简单思维的人，最愿意相信阴谋论，因为只有一种原因和一种结果。习惯于复杂思维的人很难理解为何阴谋论在中国有这样广阔的市场。生活在意义之网里，人类行为可以受到来自任何方向的其他意义的影响，关于复杂性的研究早已表明，哪怕是一只蝴蝶扇动翅膀，也可能引发大陆另一边的龙卷风。习惯了这样的复杂性的人，很难相信存在着延续几百年的巨大阴谋，而且居然还得逞。要知道，几百年前没有"大数据"和"超强计算机"，怎样防止哪怕一只蝴蝶的行为破坏整套阴谋呢？

与相信阴谋论完全一致的，是相信异端邪说。因为这两类行为都只能基于简单思维。只要有稍许复杂的思维，谁能相信站在他面前的这位普通中年人半夜到户外发动能量移星换月（为了拯救世界），然后潜回房间继续睡觉？或者，谁能相信他看到患者周围站满了妖魔鬼怪并且施法将它们斩尽杀绝，然后患者当时就下床走路？不错，西方学术界也收集关于"来生"与"前生"的数据，试图解释相关的神秘现象。但是，我浏览过的全部相关文献，没有关于上述异端行为的任何记录。这就是科学昌明的结果，因为异端邪说不再有人相信，哪怕是在科学尚无解释的领域。要忽悠科学时代的西方人，异端邪说的领袖们必须表现出更复杂的神迹，例如基于"穿越"，有能力在高维空间里施法。但是怎样论证神迹呢？很难。因为在多重宇宙之间，信息不能完全沟通，甚至只有偶然沟通。总之，仍然是最原始的欺骗与防止欺骗，这套脑系统越来越复杂。所以，神迹运动的领袖们，那些更复杂的更可能胜出。中国人流行简单思维，故而流行于中国的神迹不必复杂，也因此才称为"愚昧"。

教育，中国人需要普遍地接受正常的教育。这才是结论。

竞争与合作

这是一个难题，我问过许多经济学专业的研究生，他们都不能回答。虽然，在经济学教科书里，或在经济学论文中，这两个单词频繁出现，很少引发问题。

讨论概念（concept），就需要回溯概念由之所生的观念（idea）和意象（image）。

概念是有内部结构的，例如要素甲、乙、丙，以及这些要素之间的关系，单向因果链还是双向因果链。观念则不必有内部结构，它呈现出来的似乎是一团混沌，若隐若现有一些模糊联系。金岳霖先生深研逻辑学，特别是西方逻辑学的汉语表达，他将英文的"观念"翻译为"意念"，并且指出概念不能有内在矛盾，而意念允许有内在矛盾。所以，"方的圆"绝不是一个概念，充其量可以是一个意念。

心理学家西蒙告诉我们，人类认识世界，总是首先有一团混沌的整体，在日用情境中熟悉了之后，整体或许逐渐有了内部结构。

有鉴于此，比西蒙教授早几十年，孙中山主张"知难行易"，并列举十类事实支持这一假说。例如，人类绝不是先懂得"烹调学"才学会烹调的，人类也不会先懂得"体育学"才学会运动身体的。

总之，从意象到观念再到概念，很难，但这是知识演化的基本方式。或有反例，诸如"顿悟"。这样重要的反例，我只好在另一篇文章里探讨。

作为观念的竞争与合作，我们不难想象它们各自的图景。只要是图景，就必须是具体的，有它们对应的意象。金岳霖说，意念不是像。意念是像的抽象。意象的本底是经验，是具体的经验。所以，我们先谈经验中的竞争与合作。

儿童游戏，有许多是竞争性的。最近遇见我儿时的玩伴，四十多年未见，相遇之后他第一句话是：那时候咱俩最常玩的是军棋。可见，儿时的游戏极难忘，几乎总连带着温暖的场景记忆。以军棋为例，胜负的标准是杀死对方主帅或占领对方大本营。但双方必须遵守规则，连长遇见营长必须死去，否则就是犯规。现实里面不是这样，别说连长，就是班长或士兵也可能杀死敌方的营长或军长。

遵守规则，是关于合作的经验。艾智仁曾言，只要资源稀缺，就存在竞争。只要有竞争，就有歧视。因为歧视无非就是根据竞争者都认可的某一标准择优除劣。

为什么竞争者都尊重这一标准呢？一群人面对资源稀缺，不得不认可一些歧视的标准。最原始的标准是暴力，如黑猩猩社会。更文明的社会，智力可以是歧视标准，如中国的科举制。

在西方和中国的劳动力市场里，美貌也可以成为歧视准则。数据表明，外貌更好的劳动者比外貌很差的劳动者，在其他方面的条件都不变的情况下，平均而言工资更高。于此类似，数据表明当其他条件都一样时，哪怕所从事的工作不是体力劳动，身材更高的劳动者能够比身材低于平均水平的劳动者获得更高的工资。

人类学家观察到某一原始社会，以欺骗的能力为歧视标准。我推测，这样的社会今天或已消亡。在许多文明程度更高的社会里，德性是歧视的标准。科举之前，汉代借助"察孝廉、举贤良"来选拔官员。柏拉图"哲人王"的理想，或许也含有这样的倾向。

可是，若稀缺的资源不是公共权力呢？例如，让更有德性的人获得更多的经济资源？这样的激励机制，后果就是毁灭德性。不论采取何种歧视标准，前提是可以观察到符合这一标准的行为。德性是可以观察到，只要符合德性的行为有预先的规定或达成了共识。一旦如此，那些不德的行为必然伪装成有德的。老子，当然是最早指出这一后果的。

因缘际会，社会演化的结果，效率成为一种主要的歧视标准。怎样的行为是有效率的？通俗而言，效率就是以最小的努力获得预想的后果。如果某甲建房的努力是一年时间而某乙只用半年时间，而甲和乙建成的房，品质完全一样，那么只要甲和乙可以交易，甲当然情愿让乙替自己建房。乙为何愿意替甲建房？或许因为甲有其他好处提供给乙。总之，探讨效率不能回避的情境之一，就是交易。

用任何标准来衡量行为，只要行为是可观察的，就必须是在某些常常发生的情境里可被观察到的。百年一见的情境，或许揭示出很宝贵的一种行为，但费时太久，人类社会很难根据这样的情境来分配稀缺资源。最常见的情境之一，我们称之为"市场"。

最初的交易只限于朋友而不发生在陌生人之间。这一论点，不仅哈耶克考证并阐述过，而且我们从甲骨文的"朋"字也可推测古代交易的情境。否则，文字演变，"朋"为何与"友"联用？

交易扩张的结果，有"市"。甲骨文，就是"币"——布币或刀币。根据米塞斯的阐述，货币的核心职能只有一项：降低未来交易的不确定性。如果仅限于朋友，未来交易的不确定性不可能太高。因为朋友是"熟人社会"，谁家缺什么谁家多什么，彼此都知悉。熟人社会里，未来的事情也都是已知的事情，没有不可忽略的不确定性。所以，币之发生，是因为陌生人之间要交易。钱币考古显示，先有贝，后有币。又据彭信威先生《中国货币史》，贝之职能，最初很可能与仪式和符号有关，其次可能是佩饰，渐次演变为礼物和货币。

诺贝尔经济学家史密斯，由实验经济学转入脑科学并鼓吹哈耶克的社会演化理论，将合作秩序的演化划分为三大阶段：脑内的、家内的（熟人社会）、家外的（市场）。在市场里，同样品质的房，乙建房的成本比甲的低，于是乙的效率比甲的高。交易的结果，乙胜出而甲被淘汰。被淘汰后，甲另寻出路，或许他有其他技能超过乙，或许他为生计而另外开发一种超过乙的能力。

总之，竞争归根结底与生命的延续有关。我们假设，延续至今仍可被观察到的生命，总必须有某些竞争优势。脑内的格局就是如此。神经元之间，从初生到成熟，充满着竞争。但成熟的脑，必须达成功能方面的平衡与合作。由此形成的秩序，史密斯借用哈耶克的术语，称为"合作秩序"。

秩序包含着一些规则，同时还具有某种稳定性。例如，哺乳动物脑可以产生许多不同的而且往往相互冲突的情感，典型地，我们有"爱恨交集"和"悲喜交加"。若以金岳霖先生的逻辑学来说，这类情感"不可思议"，故而只能停留在意念的层次而绝无概念化的可能。脑的稳定性，要求爱和恨之间或悲和喜之间的冲突，保持在一定限度内，不至于毁灭了脑的正常功能。那些毁灭了的脑，我们当然观察不到。

此类情形，是计量经济学家常说的"选择性偏差"。演化理论之所以始终是假说而不能是真理，因为它可以用来论证自身真理性的样本不能不具有上述那种并且非常强烈的选择性偏差。

竞争与合作并存。这是我们从上述许多具体经验中可以抽象出来的第一原理。生命现象层层叠叠，生生不息。为生命现象而提出的系统论，将生命分类为许多层级，可观察到的底层和顶层，仍在不断扩展，形成新的底层和新的顶层，称为"生命系统"。借用哈耶克的语言，称为"涌现秩序"。竞争与合作，导致秩序的不断涌现。沿着时间，涌现秩序可称为演化的秩序。

涌现，这一观念最重要的阐述者，不是哈耶克，而是柏格森所谓的"创化论"——创造进化论。他拒绝出席诺贝尔奖仪式，或许因为他有法国人的狂傲，或许因为他当时的个人处境，但我更相信，或许是因为他的学说。任何诺贝尔奖这样的奖励总意味着广泛被认可的成果，于是违背了创化论的主旨。创造性的冲动，以拒绝承认既存成果为前提。

我推测，考察生命演化的历史，最初发生的竞争与合作的并存是被生物学家称为"共生"（symbiosis）的现象。今天可观察到的细胞，很可能是竞相吞噬的若干细胞达成共生的结果。

共生的结果是产生更高层级的生命，获得更强的环境适应能力，被自然选择为那一环境的优胜者。环境突变，优胜者可能消亡。因为，最原始从而更低级的生命形态，或许更能适应突变之后的环境。这类常见情形，我们称为"演化的非线性"——不能线性发展，故而不能翻译为"演进"。

人脑内部，与神经元相比，神经元网络是更高层级的秩序。环境突变，网络可能瓦解。依靠幸存的那些神经元，新的网络得以形成。这是"创化"。与此相关，概念与观念相比，是更高层级的秩序，因为有了内部结构。但环境突变，概念不再适用，我们于是回到观念和意象的层级，等待创化。

创化，是竞争与合作的再度结合。我无法想象只有竞争而没有合作的情境，犹如我无法想象只有合作而没有竞争的情境。不过，当竞争与合作共生演化时，我观察过的多数情境里，合作总是表现为秩序，而竞争则是秩序之下的具体活动。一旦秩序瓦解，竞争便重新组合为若干其他类型的秩序，或许这些新秩序之间有竞争并开始形成更高级的秩序，或许这些新秩序之内有竞争并维持着各秩序内部的平衡。当内部竞争达成平衡的时候，新秩序就被称为一个新的物种或生命形态，是谓"创化"。

在哺乳动物或更高级动物的演化阶段，创化涉及情感。观察表明，很久以来创造活动伴随着情绪的波动。叔本华认为，创造与激情相伴，或者说，创造就是一种激情。由于哺乳动物的构造，睡梦往往更容易发生激情，于是有一批特别依靠梦境来激发灵感的诗人和艺术家。

其实，每一个人都是惟一的，因此他的生活必须包含一些非他莫属的性质，否则就算是浪费了生命。

怎样生活，才可产生更多的惟一性？激情，你必须有生活的激情，你必须有激情地生活。否则，因缺乏创造，你的生活就会有无数"不能承受之轻"。你寻找过，一无所获，但你寻找过了。这也是"惟一性"。寻找，意味着不重复别人的生活。

互替与互补

　　两物相争，通常就有能容纳这类竞争的秩序。以人观之，任一秩序对任一人而言，有其特定价值。价值，小密尔定义为"感受到的重要性"（importance felt）。任一人，将他在此时此地的秩序之下感受到的全部重要性，依照他的感受予以排序，就得到一个价值序列，形如"向量"。在这一价值序列内，若某一分量甲的排序低于某一分量乙，则对此人此时此地而言甲的重要性在乙之下。

　　价值排序的各分量，可以有数量描述，也可以没有数量描述。某一分量甲的重要性，在上述那人的感受中，可以区分出重要性的"量"吗？哲学探究表明，这样的量的区分，必须以分量甲的"质"的不变性为前提，才是可能的。柏格森是一位心灵敏锐的哲学家，他告诉我们，常见的人类情感不能有量的区分。因为，情的量变几乎总是造成情的质变。例如，当我们说"爱得更多"的时候，那更多量的爱情，与那更少量的爱情，在感受中绝不是同质的。以色列心理学家本－济夫在研究人类情感三十年之后，写了一部专著，书名是《情绪的微妙性》（*The Subtlety of Emotions*）。他描写过这样一幅场景：某画家的一名为他工作多年的裸体模特，突然感受到这位画家的目光有些异样，于是她和他的工作关系变得难以忍受，以致于她必须穿上衣服离开画家的工作室。这里的情，很难有同质的量变，但哪怕只是一丝丝变化被觉察之后，就可导致质的突变。

如果价值有数量可言，在一个价值序列里，当乙的价值的增加导致了甲的价值的增加时，我们称乙对于甲是价值互补的，简称互补。一个常常被忽略的问题是：当乙对于甲是互补的时候，甲对于乙是否也是互补的呢？很容易举出反例。虽然，在经济学教科书里，互补性被定义为正的二阶交互偏导数关系，并且二阶交互偏导数在一定条件下，不依赖于偏导顺序的变换。例如，在学校生活中，当学生乙在学生甲的自习教室里逗留的时间有所增加时，甲的幸福感或许有显著增加，而乙则毫不知情，并且甲对于乙的幸福感的增加毫无贡献。这类情形的普遍存在，让我们不能赞成"互补关系必满足对称性"这样的命题。当乙的价值的增加导致了甲的价值的减少时，我们称乙对于甲是价值互替的，简称互替。因为有了上述的反例，我们也不会轻易赞成"互替关系必满足对称性"这样的命题。

假设价值完全没有数量可言，在一个价值序列里，是否可能定义互替性与互补性？依照上述的办法，或许仍可能有某种程度的互替和互补。首先，若此一价值序列在有分量甲而无分量乙时，或有分量乙而无分量甲时，甲和乙之外的全体分量的排序完全不改变，则甲和乙之间具有互替性；确切而言，是甲和乙之间的无差别性，简称"无差异"（indifference）。

最初意识到事物之间有这一关系的，是莱布尼兹；比他更早的，是库萨的尼古拉。后来，詹姆士借助这一关系来判断任一观念是否多余。在给定的秩序内，一个人此时此地感受到的全部观念，它们的重要性当然也被排序在全体价值序列里面了，于是每一观念的重要性依赖于它的有或没有是否造成价值序列里其他分量的排序的任何差异。如果完全没有产生这样的差异，在詹姆士看来，这一观念就完全没有存在的理由。

根据这样的论证方式，我们不妨相信，如果分量甲和分量乙在一个价值序列里互相替换的结果完全没有任何差异可言，那么我们就完全没有理由区分甲和乙。于是我们有完全的理由将甲和乙视为同一，也就是说，它们相互之间是完全可彼此替代的。那么，当甲和乙之间不是完全可替代又不是完全不可替代的时候，怎样定义互替性呢？此外，怎样定义互补性呢？

若价值序列没有数量可言，若甲和乙之间有不完全的互替性，则甲和乙互替可能导致价值序列的分量的排序变动，这样的变动意味着甲和乙的价值有所不同。由于价值差异，甲和乙不再是无差异的分量，故而应被视为价值序列的两个不同分量。如果其他方面保持不变，我们将无从判断甲和乙之间的关系究竟是互替还是互补。如果其他方面有所变化并且引发了甲和乙在价值序列中排序的变化，那么，当甲的排序和乙的排序同向变动时，我们可以说它们之间具有互补性。当甲的排序和乙的排序反向变动时，我们可以说它们之间具有互替性。

以上的叙述，不要求任何数量关系。我相信，它提供了我所知最弱假设下互替性与互补性的定义。与上一篇文章讨论的"竞争与合作"有了本质性的差异，当我们讨论互替与互补时，隐含地或显明地，我们假设了价值判断。任何价值判断，都有主体。这一主体判断力的运用结果之一，就是在给定秩序之内将主体感受到的各种重要性加以排序，于是有了价值序列。最初确立这一主体性原则的，是奥地利学派的创始人——老门格尔。他在一段令人惊讶的短促的时间里，写完并于1871年发表了《国民经济学原理》，几乎独自完成了现代经济学的"边际革命"。

可是，靠边际革命而成为现代经济学主流的新古典经济学，在滥用数学工具的同时，偏离或完全忘记了奥地利学派的主观价值论，从而越来越接近"中央计划经济学"。如果一个社会完全被某一中央计划者控制，那么这位计划者的理性选择行为若表示为数学形式，恰好就是新古典经济学。价值序列的主体是谁呢？当然就是这位中央计划者。他的判断力取代了我们每一个人的判断力，他独自将我们每一个人的各种价值——也就是我们感受为具有或多或少重要性的全部因素——根据他的感受（他为我们而感受）加以排序。然后，他根据社会资源禀赋和技术结构，制订我们每一个人的生活方案。在他的数学模型里，这些方案是"最优的"。

最近20年，奥地利学派成为自由社会公共政策的理论源泉。而且公众也开始觉悟，原来新古典经济学没有维护自由社会的能力，甚至相反，它支持的很可能是损害普遍自由的公共政策。例如，最近这场金融危机中披露的金融高管报酬问题，以及更早些时候发生的"安然丑闻"。在新古典经济学支持下，美国公共政策的这些弊端表明，普遍自由往往必须同时抗拒来自两方面的威胁：其一，官僚政治的威胁；其二，垄断资本的威胁。

这两方面的威胁共享一个特征，即过分集中的权力。当我们面对一个过分集中的权力时，不论它来自政府、来自商业或来自传统社会和家族，我们的自由都将会消失。此时，如休谟最早告诫我们的那样，与其容忍一种恶，不如容忍互相竞争的两种恶。因为，两恶相争，让我们享有更多自由。

怎样防止权力过分集中呢？更彻底而言，怎样抗拒权力？面对这一问题，福柯奋斗终生。我的见解接近休谟，与其寻求彻底免除权力的纠缠，不如引入更多相互竞争的权力。反正，福柯也承认，权力无处不在。

一个人的权力，根据政治学家达尔的教科书，可定义为他影响其他人的能力。不过，我更喜欢经济学家巴泽尔的定义：一个人的权力，就是他将成本转嫁给其他人的能力。例如，一个垄断性的政府，拥有转嫁成本给任何个人的能力。针对这一垄断，成熟的市场社会通常引入政治竞争机制，譬如两党轮流执政。于是，垄断只能维持一段时间，并且执政者必须谨慎运用转嫁成本的能力，否则就可能被未来的执政者惩罚。

怎样防止商业公司的垄断呢？成熟的市场社会通常引入两个或更多垄断性的商业公司，于是垄断者很难获得太高的市场权力。这样，一家商业公司更有希望获取市场权力的途径，就从"寻租"（也就是"官商勾结"）转向技术创新。因此，我们若想有一个健康的市场经济，与防止商业权力的过分集中相比，防止政治权力的过分集中或许更重要。虽然，政治竞争很昂贵。民主，只是最不坏的制度。

在民主化的过程中，公民选择哪些要素，这是民主能否顺利落实的关键条件。每一个公民，有自己的价值标准，故而有包含民主诸要素在内的价值序列。这些价值通常没有数量可言，从而上述互替性和互补性的定义有了很重要的政治学涵义。因为，价值序列之内各分量的互替性和互补性，为政治行动中的权衡与妥协提供了理由。

有了这样的铺叙，我们可以进一步讨论，这些价值序列在什么样的社会过程中，可能集结为什么样的"社会价值"的序列。因为，任何政治目标的实现都必须借助"集体行动"，而集体行动就是追求社会价值序列之内排序最高的那些重要性。

政治，是理性选择。借助这一视角，关于政治过程的抽象讨论，在上世纪50年代初期从政治经济学文献中凸显出来，并在大约二十年的时间里成为"显学"。我们关注中国的民主化过程，可以不必借鉴这些抽象理论。因为，理论对实践的指导意义，往往敏感地依赖于理论前提与真实情境相符合的程度。在我们能够引入源自西方社会的政治经济情境的抽象理论之前，我们应当解答的问题，首先是现代中国人通常可能有什么样的价值序列，其次是这些价值序列的演变趋势。只要涉及价值序列的演化，我们就必须研究与这些价值序列相互作用的政治、经济、文化、心理和社会结构诸要素。

作为上述原理的一项补充，我要指出，社会演化的路径，不是惟一的且不能预先决定，它依赖于"机缘"。可是，如果有许多机缘，难道它们之间没有互替性和互补性吗？据我所知，就社会演化的路径而言，机缘之间不能有互补性，因为在任何两条演化路径之间只能选择一条，也就是只能是互替的关系。社会演化面临着许多互替的路径，何去何从？取决于"社会选择"和社会所选择的社会选择的机制。

自由与自律

上篇写了互替与互补，这篇转而写这样一个大题目，是否适当？是。所以，我首先讨论经济自由和经济自律。

多数重要观念，都可以而且必须成对地讨论，否则就说不清楚。这一类道理，最初由老子说出：天下皆知美之为美，斯恶已……有无相生，难易相成……音声相和，前后相随。

自由与自律，构成了这样一对观念。只谈自由而不谈自律，则自由不成。另一方面，自由与不自由，当然也构成了一对观念。不自由，可以表述为"他律"，从而与"自律"构成需要澄清的一对观念。于是，我们有了三个相互联系的观念。

视观念为"要素"（elements），从两个到三个，甚或多于三个要素的时候，我们可以说，由一些要素生出了一些"原理"（principles），"三生万物"之理。这篇文章，简单而言就是讨论自由或经济自由的原理。

一个人的经济生活，现代经济学提供的是完全静态从而有严格的逻辑意义的定义：为了幸福感的最大化，将有限数目的手段配置于无限数目的目标。在现实世界里，他的手段，在他某一时期经济生活的开端，也是他的资源禀赋。他在这一时期的开端拥有的全部手段和目标，依照他在这一开端处的价值标准可以排成一个价值序列。许多目标的排序或许要在许多手段之上，否则，若某一目标的价值低于许多手段的价值，要为落实这样的目标而牺牲排序更高的手段吗？这就是一个需要优先回答的问题了。尽管有这类问题，我们却不能将手段与目标完全混为一谈。毕竟，存在一些事物，它们本身就是目标，而且它们一旦被当做实现其他目标的手段就丧失了它们作为目标的价值。

不论如何，假如某甲知道某乙也有一些手段和目标的价值排序，而且在乙的价值序列里有一些手段或目标的排序比它们在甲的价值序列里低了许多，这意味着甲可以用一些价值较低的手段或目标从乙那里换取上述价值更高的手段或目标。这样的交易还只是潜在的机会，它有待于乙是否知道并愿意从甲愿意在上述交易中放弃的那些手段或目标当中挑选一些比乙在上述交易中放弃的那些手段或目标价值更高的手段或目标。这一类经济活动，首先基于双方自愿，其次增加双方的幸福感，这也就是"交易"的经济学定义。

现在，假如存在交易机会于甲和乙之间，但受其他方面的限制，这一潜在交易不能实现，我们就说，甲和乙的交易，或至少关于这一潜在交易，是不自由的。经济自由的重要内容之一，是交易的自由。

妨碍经济自由的有哪些因素？例如，关于上述的潜在交易，可能存在某丙，以暴力或法律威胁甲或乙，不准许他们从事这项交易。我们说，这时不能交易是因为"他律"。又或者，甲或乙的内心存在某种反对这项交易的行为规范，我们说，这时不能交易是因为"自律"。因为他律而不能自由交易，这是经济不自由的常见情形。

自由与自律

潜在交易也可能因自律而不能实现。例如转基因食品，各国公众意见纷纭，至少有一些社区，坚决反对销售转基因食品。如果甲和乙的交易机会是关于转基因食品的，那么在这些社区，他们不能交易的概率就会很高，可能是基于他律，也可能是基于自律。类似的交易，如狗肉或鲸鱼肉的买卖、人体器官或血液的买卖、色情广告或卖淫、毒品和高利贷，在一些社区可引发强烈反感，从而相关的交易难以实现。在这些情形中，我们其实很难区分他律与自律。如果甲和乙在情感上特别尊重本地的法律，那么如果本地社区立法反对甲和乙的某类潜在交易，这样的法就可能会内置为甲和乙的自律。

上述交易机会之所以难以实现，归根结底是因为在甲和乙的交易活动之外，还有许多人；在他们的价值序列里，甲和乙的交易如果实现，将产生严重扰动，并且扰动的结果是相当程度地降低了许多人的幸福感。如果甲或乙充分知道这一情形，如果他们的自律较强，则交易不会实现。如果甲或乙不充分知道这一情形，或如果他们自律较弱，则交易可能实现，除非有足够强烈的他律。

自由是整体的事情。我记得，爱因斯坦在一封私人信件里，表达过这一深刻见解。我的朋友朱苏力，曾讨论过"黄碟案件"——那位农民在自己家里看色情影碟，怎么就被邻居"报案"而且还被拘押了呢？经济自由不能例外，也是整体的事情。因为上述价值序列的扰动及其后果，关键性地取决于在多数人的价值序列里，自由——自己的和他人的，被排序在什么位置上。

自由有一种整体性质，还可以用下面的情形来描述：都市交通拥挤在相当程度上，是由于抢行的汽车互不相让。2011年3月14日

《南方人物周刊》专访香港并发表封面文章《香港，为什么？》——为什么比内地有好得多的交通、住房、医疗和教育？其中，关于交通的报道和分析表明，每一名司机的自律性，是"港人出行自由"的重要前提。可见，自律与自由构成一对辩证统一范畴。

"自律"和"他律"，我认为没有很好的英译。坚持查找，不妨接受"autonomy"和"heteronomy"，但它们的涵义不如它们在汉语的道德哲学传统里的涵义来得深切。其中，autonomy 是"自由"的古代表达，通常译作"自为"。可是，"自为"与"自在"构成另一对重要范畴，它们分别对应着英文里涵义更复杂的单词或短语。由此也可见，自由这一观念有两方面的内涵，其一是"自主决策"（autonomy），其二是"自我节制"（还是 autonomy）。这是古典自由主义者们理解和阐释的自由。

经济自由，按照上述的古典自由主义阐释，包含自主决策与自我节制这两方面的内涵。没有自我节制，经济"自由"的结果之一，是充斥着我们生活的有毒的食品、服装、住房装修和汽车尾气。然后，在旧的思维方式影响下，为了补救"自由"市场的问题，我们又不假思索地启用政府干预机制，广泛地干预市场经济。可是，面对这样众多的毫无自我节制的消费者和厂商，我们需要多么庞大的政府才可能有效地抑制"毒品"损害呢？根据中国最近几年的经验（教训），我推测，我们需要一个庞大到足以扼杀市场经济全部活力的政府。最近十年中国社会的情形有些荒唐，为了补救市场机制之弊端，我们重建政府机制并容忍它的弊端。我们为庞大的政府支付了高额的费用，以致当我们最后估算得失的时候发现，由于市场机制和政府机制的效益相互冲销，二者的总费用大大超过了市场机制和政府机制单独存在时的费用之和。这一图景，民众概括为"辛辛苦苦三十年，一夜回到改革前"。

关于市场或政府的有效性，制度学派早有定论。十多年前我在为巴泽尔《产权的经济分析》中译本撰写的序言里，介绍过关于三种监督方式的产权理论。在任何社会里，任何契约的有效性无非依赖于三种监督方式以及它们的组合成本是否最低。"第一方"监督就是自我监督（自律），"第二方"监督就是契约利益相关者相互之间的监督（他律），"第三方"监督就是与契约利益无涉的外部人员或机构的监督（他律）。根据这一理论，巴泽尔构想了他的国家学说（钱勇译巴泽尔《国家理论》）。制度经济学的洞见在于，每一具体社会情境里，总存在这三种监督方式的某些组合，使得总的监督成本最小。

在一个道德完全缺乏自律的社会情境里，第一方监督几乎消失。这时，为了有效地防止有毒产品的蔓延，必须借助于第二方和第三方监督。中国经验（教训）意味着，任一种监督方式存在某些阈值，当这种监督方式弱化到这一阈值之下时，其他两种监督必须支付极高代价，才可能替代这一监督方式。

仍以都市的交通状况为例，关于北京和香港的马路和汽车的统计数据表明，北京的交通无论如何不应比香港的更拥堵。但事实是香港的交通状况比北京的更好，因为香港的司机们普遍比北京的司机们表现出更强的自我节制。自由，从来就是整体的性质。

经济自由，如果没有自律，势必沦为经济的不自由。为了我们自己和孩子们的基本安全，我们依靠越来越庞大的政府来干预越来越无自律的市场，结果是经济自由的完全消失。因为政府是一种第三方监督机制，它对第一方监督机制的替代是有限度的，特别是，当第一方监督弱化到某一阈值之下的时候，第三方监督替代第一方监督的成本可能趋于无穷大，也就是说，我们可能必须因此返回到中央计划时代。

读者或许认为第二方监督成本较低？我承认这是一个好问题。前苏联解体之后，第三方监督几乎完全消失，只有第一方和第二方监督。我记忆里，大约十年左右的时间，在俄罗斯境内最有效率的银行是黑帮的银行。这就是第二方监督的有效性，黑帮开设银行，你借钱能不还吗？有感于俄罗斯的经验，我当时写过一篇评论中国发展趋势的短文《中国社会的黑帮化》，颇引发了一些朋友的忧思。

在任何城市，只要你相信警察不会在你呼救时出现，你最好顺带着相信自己生活在一个正在黑帮化的社会里。所谓社会黑帮化，不是因为政府缺失，恰好相反，是因为政府不仅存在而且太庞大；惟其太庞大，所以官僚化太严重，以致警察不愿意在办案之后填写那些随时可导致自己奖金扣除的复杂表格。与其让官僚机构的电脑决定扣除自己多少奖金，不如只出勤而不办案。那么，市民的安全呢？对不起，你最好不与任何人结仇，否则，你最好向黑帮求救。

所以，当政府特别庞大时，如果你无法承受纳税之痛和迅速攀升的税收负担的话，你甚至常常要考虑采取暴力手段推翻它。希克斯指出，官僚政治无一例外，终会由于导致自己财政来源的枯竭从而全面瓦解。

"锁死"的路径

学者的头脑，哈耶克分为两种，模糊型和清晰型。稍后，他补充了一个脚注：写《头脑的两种类型》这篇随笔时，他未听说过伯林对学者的划分——只知道一件大事的刺猬和知道许多小事的狐狸。哈耶克自认是一只刺猬。阿瑟（Brian Arthur）也是一只刺猬，多年来，他跨越许多学科追踪研究的唯一重要的课题，可称为"路径依赖性"。

阿瑟是1946年出生的，现在他被称为经济学家，还在37岁时便成为斯坦福大学最年轻的经济学教授。这些都是事实，但不是全部事实。我清楚地记得在阿瑟1994年新著《收益递增与经济中的路径依赖性》的开篇读到这样一则往事：阿瑟在加州理工学院做研究时发现了经济生活中存在强烈的收益递增性并写文章论述他的发现（我读研究生时也读他的这些文章）。某一天——那时他在斯坦福大学粮食研究所任职，可能还担任生物系主任，他与斯坦福大学经济系的两位核心人物共进午餐（听上去是"求职午餐"）。在他讲述了自己的"收益递增经济学"之后，一位经济学教授委婉地告诉他说，世界上没有收益递增这回事，另一位可能是当时系主任的教授，更坦率地告诉阿瑟先生：即便有收益递增这回事，我们也不能承认它。这则故事，赫然写在开篇。于是这部作品立即入选我的个人藏书——今天，我更乐意收藏电子版。

阿瑟1999年接受"领导力对话"采访时也回忆了这段"痛苦如地狱"的经历，他的描述是：在斯坦福大学的前十年，他发表了许多论文并担任了系主任，然后他用十年时间试图发表一篇收益递增论文，却因此而离开了斯坦福大学。鼓舞他坚持探索的，是斯坦福大学校园最受爱戴的诺贝尔经济学家阿罗。阿瑟说，阿罗帮助他取得1987年古根海默奖学金，并引荐他去桑塔菲研究所任职。又据阿瑟1999年回忆，因新古典增长理论而得到诺贝尔奖的 MIT 经济学家索罗特意提醒桑塔菲研究所的主持人柯文，说他接纳阿瑟是在犯最严重的错误，因为阿瑟是无名之辈。

阿罗始终为阿瑟的收益递增经济学大肆鼓吹，同样深受阿瑟这一思想影响的，是由于新制度经济学研究而得到1993年诺贝尔经济学奖的经济史学家诺斯。我在香港大学教书时，于港大书店翻阅诺斯1990年的新著《制度、制度变迁与经济绩效》，印象最深的就是他运用阿瑟的收益递增观念于制度变迁的研究。

制度在各国，我认为尤其是在中国这样从未中断悠久历史的国家，路径依赖的性质极其强烈。从那时起，阿瑟成为我关注的西方学术核心人物之一。阿瑟的往事永远提醒我，任何主流，包括经济学主流，不可避免地压迫和排斥人类的独立精神和自由思想。

为写这篇中译本序言，我检索网上关于阿瑟的报道和文章，我发现那些令人不快的往事完全消失了。未必是被斯坦福大学别有用心花钱"遮蔽"的，很可能因为网络社会的记忆原本就很短暂。

现在，我可以谈正题了。路径依赖性（path dependency），在制度经济学获得诺贝尔奖的那段时期，大约是1985至1995这十年，对我们这些热衷于中国经济和政治体制改革的学者而言，真是一个最诱人的观念。

例如，张五常在诺斯得奖时对香港记者大呼"走宝"（即自家的宝贝被人家拿走了）。因为，据说诺斯当年曾在华盛顿西雅图校区听张五常的新制度经济学课程，相当于师从五常呀。好事的记者于是去问诺斯怎样评论张五常的"走宝"慨叹。诺思哈哈大笑，他的评论是：五常言之有理，可是他并未坚持这项研究。读者懂得啦？五常教授1970年代赴香港大学筹建经济系，1982年在芝加哥大学核心期刊《法与经济学》杂志发表了《企业的契约实质》（我评价为他毕生的登峰造极之作），此后他的注意力转向中国社会制度变迁，再也无暇他顾。

根据阿瑟的论述，诺斯的论述，以及多年前我的论述，路径依赖性可概括为这样一项平凡的陈述：人的行为依赖于他们过去的全部行为。注意，是"依赖"而不是"由此被决定"也不是"完全不依赖"。

阿瑟早年研究人口学问题，1970年代至1980年代他发表的论文主要是人口学的。不过，他自幼最喜欢数学和工程学，在爱尔兰的少年时代，他偶然选择了电子工程专业，那时他不过17岁——"年轻得有些荒唐"。后来，可能是他在加州理工学院（我认为很可能是北美唯一最优秀的理论学院）时期，专注于收益递增现象的研究。直到1990年代主持桑塔菲研究所的"复杂性"课题组以后，他主要研究经济生活中的收益递增现象。

阿瑟指出，技术不是科学的副产品，而是或许恰好相反，科学是技术的副产品。古希腊人很早就懂得这一原理，亚里士多德说过，理论家的工作在于冥想，他们的模型是恒星系统，具有"永恒"这一基本性质。技艺是实践者的工作，是一种关于偶然性的艺术，探求永恒原理的哲学家，不愿为也。两千年之后，技术仍是卑贱的实践者的工作（例如米开朗基罗的工作），却引发了近代科学。

阿瑟继续考证，技术总是由一些基本的功能模块组合而成的。最初的石器，打磨为两类，锋利的和有孔的，与手柄组合而成复合工具，例如"飞去来器"，例如"耜"与"耒"，例如"眼镜"。凡技术发明者，首重适用性和便利性，发明专利所谓"实用新型"。这两大性质要求使用新技术的人群的以往行为与新技术相合。如果你从微软视窗系统转入苹果系统，你有很多这样的体会，多年之后，你试着适应微软系统，又有很多这样的体会。我们的身体（包括脑内的神经元网络）可以记住我们的行为，并因记忆而有了行为的积累效应——贝克尔称为"人力资本"。在夏威夷的东西方中心人口研究所求学时，我听一位人口统计学家告诉我，观察人们早餐时吃的是哪一国的食物，可准确判断这些人来自哪一族群。她说，早餐习惯是最难以改变的，因为胃口或口味是"永恒的"。

诺斯有几篇论文阐述制度的收益递增效应。他指出，规模越大的政府总是追求更大规模，权力越大的人倾向于追求更大权力，成功的制度有复制自身的冲动，直到社会被锁死于早已僵化但曾经成功的制度陷阱之内。并且他找到了不少消亡的人类社会，成为"锁死"效应

"锁死"的路径

的例证。诺斯的警告格外触动我们这些中国学者，因为历史太悠久而且太难以割舍，所以我们不能放弃传统，但我们必须改造传统。

于是，技术的本质，与制度的本质类似，有强烈的路径依赖性，从而常将人类"锁入"既有的技术路径或制度路径。锁入，于是可能锁死。当社会被制度路径锁死时，社会消亡；当企业被技术路径锁死时，企业淘汰。现在，读者可以翻阅阿瑟的这部作品了。

（本文为作者为阿瑟《技术的本质》中译本所撰序言）

永远的贝克尔

　　当然，贝克尔（Gary Becker）还健康地活着，"永远"，是说他永远在思考新的问题。我们说一个人永远不会衰老，是说他的心灵永远被新鲜事物吸引着，说一个人未老先衰，是因为他虽然年轻，心灵却已经封闭在自己的世界里了。

　　1998年我第一次见到他，那时我受《经济学消息报》之托到美国大陆去采访几位诺贝尔经济学家。在我的日程表里，贝克尔排在第三位。在贝克尔的日程表里，他只答应和我聊半个小时。我决定只聊一个主题，那就是他和另外两位作者于1992年11月发表在《经济学季刊》（QJE）上的《劳动分工、协调成本与知识》。那次采访的结果？我在第5分钟的时候已经明白了他坚持使用"协调成本"而拒绝使用"交易费用"的理由。可是我在第45分钟的时候，才算是明白了他的"一般知识"概念与我自己坚持的"制度知识"概念之间有多么大的差异。遗憾的是，我完全没有时间盘问他关于我的"知识互补性"的看法（那是我在1997年《经济研究》上发表的一篇文章的主题）。

　　十年过去了，我无意间浏览QJE在过去十年里发表过的"好"文章，赫然看到贝克尔1997年8月发表在这份刊物上的长篇作品

《时间偏好的内生决定》（G. Becker and C.B. Mulligan, "The Endogenous Determination of Time Preference", *Quarterly Journal of Economics*, August 1997, pp.729-758）。在第一流的理论经济学刊物上发表，三十页的论文应当算是"长篇"了。顺便提一句，按照我个人最近对五份被我们公认为"第一流经济学刊物"的杂志过去十年发表过的文章的回顾所得的印象，《政治经济学杂志》（JPE）或许仍居第三位，但第一位的《美国经济评论》（AER）显然正在被 QJE 超过。如果经济学专业的大学生们打算认真读"原典"的话，我建议他们在浏览过"科普"刊物 JEP 之后立刻把自己埋到 QJE 里去。

回去谈正题，永远的贝克尔，在1997年这一长篇里，终于对时间偏好问题下手了。我们都明白，不论作者们如何标榜，只要时间偏好或者"折现率"仍然是外生的，整个动态经济模型以致整个芝加哥学派的"新增长理论"（参见1990年 JPE 专号"S"）只能是局部均衡的。当然，我们不妨数学般完美地宣布：存在一个完备的资本市场，于是从那里可以找到一般均衡的全套"折现率"（即任一商品从任一时刻到另外任一时刻的价值折算率）。但那只是数学。

芝加哥学派的增长理论，在 MIT 和英国剑桥的猛烈抨击下【参见索洛（R. Solow）和哈恩（F. Hahn）从20世纪90年代以来对芝加哥"宏观经济学"的批评】——从20世纪50年代到60年代争得面红耳赤甚至涉嫌人身攻击的"两个剑桥"，到如今共谋对付它们当年代表的主流经济学之后的主流经济学——芝加哥的主流经济学家们必须面对时间偏好的内生问题。而芝加哥大学经济系诸导师当中，或许只有贝克尔一人，同时在该校的经济学系和社会学系有"教授"头衔。也就是说，只有他，才有资格把社会学与心理学关于行为的"偏好"的研究成果融合到经济学里面来。贝克尔在那次采访中对我说，他绝不在乎放弃新古典经济学的任何不符合事实的假设，哪怕……对不起，我相当尖刻地追问："哪怕放弃例如'完全竞争'假设可能颠覆整个理论体系？"是的，在我看来，整个芝加哥学派，包括弗里德曼本人（回忆一下他主张的方法论吧），只有贝克尔有学识和有勇气作如是说。几天以后，当我采访西蒙（H. Simon）教授时，特意对他半个世纪以来始终把芝加哥学派的经济学称为"轮椅里的经济学"的言论做了补充，强调了贝克尔之有别于他的老师弗里德曼。

真对不起，在"茶座"聊天，我倾向于"离题万里"，别说是经济学家茶座了，就连在经济学课堂上，我讲的题目在许多学生听起来，也绝对可以说是"离题万里"的。贝克尔的"长篇"从例行的文献回顾开始，如果你去读这篇文章，可千万不要把"第二节"一带而过——按照学术文章的八股，第一节是"立论"，第二节是"文献回顾"，第三节叫作"论体"，第四节叫作"论例"，第五节嘛，看你的编辑认为你应当写多长，或许就叫作"结语、评论、对未来研究的提示"之类吧。这个"第二节"绝不是通常的文献回顾，在当代经济学的作者们"数典忘祖"了几十年之后，贝克尔从庞巴沃克（E. von Bohm-Bawerk）的《资本实证论》开始回顾，于是接续着大半世纪以前的经济学传统。读者不相信我的话？请翻看一下1947年12月的 AER 吧，除了暗红的封面与今天的 AER 一样，里面聊的事儿，没有一件是今天 AER 的编辑愿意接受的。为什么非要看1947

年的 AER？因为那年萨缪尔逊发表了《经济分析基础》奠定了现代经济学的形式主义方法（参见我写的《经济学理性主义的基础》,《社会学研究》1996年），从那以后，经济学就一头扎进了形式主义泥坑，自我陶醉到今天。发生这种事儿绝不怪老萨本人，他是天才——当时经济学界都知道，萨缪尔逊是"神童"，当然，还有 MIT 的另一位经济学家彼得·戴蒙德（Peter Diamond）。与他二位相比，贝克尔算是"大智若愚"吧。要怪，我们得责怪那些毫无希望地把头脑交给了数学的经济学家们。你又不信我的话？神童戴蒙德自己说过："数学是很好的仆人，但是最坏的主人。"我清楚地记得另一神童诺伯特·维纳（N. Weiner，控制论的创始人之一）在一次酒会上轻松地告诉社会科学家们：眼下发生的一件荒唐且危险的事情，是那些无能的社会科学家们基于弱智，就把苍白的文字披上了华丽的数学外衣。这些文章，与其说是"学术"文章，不如叫作知识"负熵"（换句话说，这类文章发表得越多越快，人类知识就越混乱无序）。

好啦，让我们停止讽刺吧。为什么我们有时间偏好？为什么我们总是倾向于把未来的效用"折现"（折价计算）到现在？为什么我们不倾向于把未来的一单位效用看得比现在的同一单位效用更重要？庞巴沃克1891年《资本实证论》提出的理由是：我们人类没有耐心等待未来。贝克尔接着庞巴沃克的话题叙述：是的，我们缺乏耐心。但我们并不是同等地缺乏耐心，正是这一差异，是贝克尔这篇文章打算解释的——哪些因素决定了人们在耐性方面的差异？注意，贝克尔不打算在这里寻找那些导致了人们同等缺乏耐心的因素，例如大规模战争和大范围灾难可以让整个社会变得悲观。那些同等程度上影响我们行为的因素，在统计上称为"系统性偏差"。对系统性偏差的实证观察，我们只能利用时间序列数据，因为此时大家都疯狂，那么度量疯狂的"程度"，就只好把"此时"的行为与"彼时"的行为相比较。而贝克尔这篇文章使用的数据，主要来自横向比较（cross-section）。这叫作"有什么料，炒什么菜"，长期学术研究的训练使然。

人们的耐性是有差异的，有些人比其他人更愿意等待。为什么？是哪些个人经历和经济的、社会的、教育的、文化的、宗教的背景决定了这一差异？这是贝克尔打算研究的问题。也正是对这一现象的解释，导致了所谓"内生的时间偏好"理论。贝克尔注意到庞巴沃克的一个重要观察："当下"，总比"未来"更占优势，因为"当下"可以直接被我们感知，而"未来"？对不起，我们必须去想象它的样子，我们无法直接感知它。贝克尔沿着庞巴沃克的思路继续发挥：所以，我们不妨假设，只要我们对"关于未来的想象"投入一定的资源，只要我们愿意花费时间和资源去想象未来，我们就总可以获得关于未来效用的正确的折现率。换句话说，如果我们把用于想象未来的资源配置当作消费者选择模型的内生变量之一，则折现率（时间偏好）就成为内生决定的了。

哪些可选择的资源投入可以改进我们关于"未来"的想象的正确性呢？在讨论这些选择变量之前，我们需要先研究一些关于未来的想象的失真的例子。如庞巴沃克和贝克尔所论，关于未来的失真的想象，其最常见的一种是对未来的痛苦感受不足，从而未来的痛苦总比未来的幸福更容易被我们忽略。用我们熟悉的文学语言说：

天下的幸福总是一个样子，而痛苦，则每次都不同。所以，我们每个人都很容易陶醉于没谱儿的想象中的幸福里，典型如疯狂入市的股民。而我们对未来可能发生的不幸，例如对其实随时可能降临到我们每个人头上的死亡，对电梯突然坠毁的可能，对高楼上掉下来一只花盆击碎我们头颅的可能，或对面的汽车猝然碾轧到我们身上的可能，我们由于不胜其烦而养成了无视它们存在的习惯，我们不愿终日忧心忡忡等待我们必死的命运，我们宁可在繁忙中忘记死亡——这一小概率事件必然会发生。因此，我们假装乐观的天性决定了我们对未来的想象总是比真实的未来更加乐观。贝克尔说，或许由于这一天性，大部分人从来不立遗嘱，因为他们理性地故意不去想象死亡的后果。这一切，如果其他因素不变，将使任何未来事件的净效用（幸福与不幸之差）的折现率偏低。

不过，庞巴沃克以及他多年的争论对手费雪（I. Fisher），还有贝克尔，他们还指出另外一种常见的关于未来的想象的失真：贫困的处境往往强迫我们减少对未来效用的投资，这部分地由于眼下的饥寒交迫确实难以忍受（预算约束）——所以穷人的储蓄率通常比富人低得多，部分地还由于眼下的贫困可以让我们对未来变得格外悲观——至少在统计意义上说，贫困与铤而走险的犯罪相互关联，"悲惨世界"降低了现世的价值。所以，财富的多寡，如果其他因素不变，可以影响我们关于未来的想象，富裕的家庭出身倾向于让人对未来更加乐观，从而未来效用会有较低的折现率。当然，我们必须时刻牢记，经济学家所说的每一句话，每句完整的陈述，后面都还有半句没有说出来——"维持其他因素不变"。例如，这里的富家子弟，固然容易想象更乐观的未来，但也同样容易沉溺于眼前的享乐，从而降低了储蓄率，甚至沦为败家子。对此类反例，我们经济学家用术语"维持其他因素不变"来排除之。

贝克尔说，教育是最主要的一种投入，当然，还有家庭背景、文化背景，甚至宗教信仰。难道受过教育的人就真比没有受过教育的人对未来更有信心？让我举一个反例，克尔凯郭尔（S. Kierkegaard）坐在校园的长椅上思量他这一辈子打算干哪些有意义的事情，结果他意识到，如果时代进步意味着生活一天天好起来或者"更方便"，那么他的使命将是让人们意识到生活是多么的困苦。你看，存在哲学家们是这样寻求生活的意义的。他们的教育，教育让他们比我们更容易走向彻底的虚无主义境界。尼采说：求真的意志（求知识的意志），其命定的归宿是彻底虚无。当然，不论是贝克尔还是弗里德曼，都不会理睬我引述的存在哲学。你可以想象，对这些反例，他们会以"维持其他因素不变"来排除之。

那么我只好继续转述，贝克尔认为，对未来的想象还有一种类似听音乐那样的累积效应，即我们花越长的时间想象未来，未来就越容易被我们想象得正确，未来的效用也就会显得越重要。儿童的家庭和社会经历当然也会对他们关于未来的想象发生重大影响，在纽约布鲁克林区长大的孩子，对未来多半不抱任何幻想，因为生命在布鲁克林区实在太不值得过，除了相互残杀和吸毒自残以外，孩子们很少看到希望。关于吸毒，贝克尔论述说，吸毒以及一切上瘾行为都会降低未来效用的意义，也就是说，都会增加未来效用的折现率。因为所谓"上瘾"，就是被眼下的急需逼迫着非立即消费不可，而眼下之所以"急不可耐",是因为以前的消费具有累积效应,吸毒越久,越急不可耐。这是生活习惯对时间偏好的影响,如果我们接受芝加哥学派关于"消费者－生产者"的选择模型的话,我们会很容易明白贝克尔的这一论述,它的意思是:我们以往的选择,例如吸毒,通过类似"人力资本"变量的累积效应进入我们的"家庭生产函数",使得吸毒行为对当下总效用的边际贡献率不断增长,从而我们便理性地选择对"吸毒"行为配置更多的资源,因为资源在那一部门获得了较高的生产率。贝克尔说,由于年轻人生命的大部分效用尚在未来,总是比老年人更愿意对"未来想象"部门进行投资。

至于宗教信仰嘛,在贝克尔的模型里也可以找到发生影响的途径。例如,信仰来生的人,对死亡以后的效用的想象力比没有这一信仰的人丰富得多。所以,只要来生的幸福大于零,未来效用的折现率就会有所降低。这意味着信仰来生幸福的人倾向于比不信仰这一幸福的人有更高的储蓄率。当然,如果你信仰来生但你同时还相信你在前世或此世罪孽深重,从而来生必下地狱,那么你的未来效用就会有极高的折现率。储蓄?算了吧。你甚至可以破罐破摔地索性就在此世干出一番惊人的罪孽来呢。

洋洋洒洒纵论古今之后,贝克尔打算结尾了。他在这里再次语出惊人:我们的模型表明,世界各国经济发展速度的差异,在更大程度上取决于各国人民的国民性之一——时间偏好的差异,而较少依赖于资本在国与国之间的流动。如果假设技术知识在全世界共享,并假设资本在各国有同样的回报率,那就可以完全没有资本流动而仍然有经济增长速度的差异。至少到目前,这一结论与(横向比较数据的）经验观察一致。假设中的因果关系是这样的：更有耐心的民族倾向于让孩子在学校接受更长期的教育。而统计表明，学历高的人群，其消费增长的速度比学历低的人群高得多，这些人早年更加节约，晚年相对奢侈，所以他们的一生看上去消费的变化率就会高些。从宏观角度看上去，消费的变化率高，就意味着经济增长速度高。

统计还表明，高收入家庭的消费增长速度比低收入家庭更高些，这是上面说过的财富效应——富裕家庭容易想象乐观的未来从而降低了折现率，故富裕家庭更倾向于储蓄和进行人力资本投资。贝克尔说，以往的经济学文献大多认为耐心导致了富裕，我们的模型认为，是富裕导致了耐心。可是这进一步意味着，一些国家富裕，所以它们发展速度更高，从而更加富裕，从而发展速度进一步提高，从而进一步更加富裕……于是今天的世界是一个疯狂分化的世界，而不像芝加哥新增长理论家们所预言的，是一个逐渐趋同的世界。此刻的芝加哥领袖贝克尔，其实更像一位凯恩斯主义者。

永远的贝克尔，不拘陈规的贝克尔，直面现象的贝克尔。不要再对我说弗里德曼吧，那个把经济学变成了自由市场信念的侍女的"经济学家"！不要再对我说卢卡斯吧，那个杀死"看不见的手"以祭祀经济学圣殿的"自由市场"经济学家！我只看见贝克尔，从现在起，一直到永远！

为什么经济学研究生应该读科斯的书

标题不能太长，但是若不这样标题不精确。我试图将科斯的《论经济学和经济学家》推荐为经济学研究生的必读书，这样的标题，才是精确的。

这本书，素来不曾引起学生们的关注，当然更少引起普通的非经济学专业读者的关注。可是，如果我们想要掌握伟大学者的研究方法——具体而言，在中国有如此多的科斯读者，而且科斯对中国又如此重要——当我只能要求研究生，注意，是经济学研究生，抽出他们宝贵的时间只读一本书，为了懂得和学习科斯的思维方式和研究方法，我必须指定的，就是这本书！

科斯并不一般地反对数学方法，但是他指出数学方法值得经济学家格外警惕的弱点，却非常值得我们经济学家关注，并且甚至因此颠覆我们对数学的偏好。科斯认为，当我们偏好数学方法时，我们不得不忽略那些无法获得数学表达的观念，而这些观念或许远比那些可以有数学表达的观念更重要。

科斯的贡献就是明证，他尤其关注那些不能获得数学表达的观念，并且表明，这些观念确实比那些数学模型更重要，以致诺贝尔奖委员会必须为此颁奖。

我始终相信，经济学研究的最好示范，不是数学模型，不是计量经济学，而是案例研究。大约二十几年前，我为某案例研究文集写过这一断语。今天，我为科斯的这本不引人关注的小册子，再次引用这一断语。

收录在这本文集里的文章，我特别关注科斯写的马歇尔传记资料。我认为，他在撰写关于马歇尔的这两篇传记资料时，无疑是在进行另一项案例研究。我十分惊讶，陈述于此处的传记资料，来自如此广泛的领域和地域，绝非我们今天坐在电脑前面可能想象的。不能指望互联网可以将第一手资料搬运到你面前来！科斯的案例研究，在这里昭显的鲜明格调是：他读了全部已有的传记，运用他杰出的批判性思考能力，他发现这些资料不足信。于是，他动手动脚自己查找。你们一定要想象，动手动脚的真实含义，这位作者可能利用了许多次出差机会，查访了马歇尔家族祖辈们足迹所至的多数地域，在那里的图书馆里搜索马歇尔的几个叔叔的信函，追溯到马歇尔的曾曾曾祖父辈。最后，科斯的批判性思考能力还表现在他力求解释的这一疑问上：为什么马歇尔家族提供的传记资料当中没有科斯找到的这些？难道他们忘记了？科斯认为，我信他所认为的，马歇尔家族耻言失败，任何失败都不应载入家族史册。于是，马歇尔的祖父，因为失败，被家族史料尽可能地忽略，随之而忽略的，就是马歇尔祖父的祖父和父亲母亲，可是恰好，英国文化与知识界最辉煌的地域，与这一系列祖先有关系。

我读科斯，感受最强烈的不是他的学术文章，因为恰如萨缪尔森所说，学术论文的本质要求作者遮蔽他的思维方式和情感方式。

而对于学术教育而言最重要的是思维方式与情感方式!

我和老友们最近十年越来越感慨学生们的官僚化趋势,很少学生还像周其仁那样热衷于农村和企业调查。十年来,每一届研究生里,追随其仁的并不少,他们跟着老师调查,也动手动脚找资料,但是成果很难令人满意。我通过观察感觉到的是,学生们对中国的乡土社会越来越陌生。读科斯的马歇尔文章,可以感受到科斯对英国乡土社会熟悉的程度远超过美国经济学家。

案例研究的难度决不亚于数学模型和计量经济学研究。因为,我们必须关注案例的各方面的线索,从中感受可能带来重要性感受的线索。谈何容易!费老晚年谈到社会调查的关键环节,大致与我旁观的见解类似。人类学家——我知道夏威夷群岛是人类学传统的田野研究场所,恰好我在那里生活了近二十年——人类学家通常要住在田野研究的场所几年至十几年,否则很难有成果。你们想过为何要住这样久吗?吉尔兹在《文化的解释》里表述的见解,与我指定科斯这本小册子为经济学研究生唯一必读书所据一致:人类行为永远是悬挂在意义之网中的并且仅当意义得到解释时才有行为的解释。一位人类学家到了夏威夷群岛,他或她,面对的第一任务是将自己以往的生活世界里习惯了的意义之网搁置不用,因为那是西方中心主义的,不是土著的。其仁的任务,相比而言,容易一些,因为他恰好就要基于中国生活世界的意义之网来理解案例研究的对象。科斯的任务,与其仁的类似。李基夫妇之所以在非洲丛林里生活四十年,因为他们的首要任务是理解黑猩猩的生活世界的意义之网。

所以,一个案例研究,完全可见研究者对乡土社会的整体理解和社会科学理论的把握。其实，从一个数学模型里，我能看到作者对社会科学的整体把握和对数学的理解。学术论文，只是学者们相互发送信号的工具。优秀的作者，一望而知就是优秀的。

顺便评论，马云在西湖创立了号称专门研究失败的湖畔大学，已招收了几十名学员。当然，中国社会的根本弊端之一，许多人早已论证，就是不能宽容，尤其不能宽容失败。所以，我们完全理解湖畔大学以研究失败为宗旨的良好动机。不过，理论上说，失败是不可研究的。1998年，我采访豪尔绍尼（海撒尼）时，他兴致勃勃地谈起他在匈牙利的博士论文，题目是《谬误的逻辑结构》。他说，但凡谬误，不能有逻辑。逻辑的通，就是不谬误的意思。失败，通常因为两方面的理由而失败。其一，项目的设想不符合逻辑。其二，项目不适合项目设想的运行环境。第一类谬误是逻辑谬误，就是金岳霖所说的逻辑不通。第二类谬误，用金岳霖的术语，就是不真实。知识的最高境界是真且通。金岳霖说，真，就是一种真正感。明白了吗？不是邪恶的感觉，是真正，既要真又要正。失败是一种体验，完全没有这种体验，很难有成功。可是这种体验不可研究，因为它只可体验。体验失败，那就是某些不是真正感的成分。企业家不能在哈佛商学院里培养，这是经济学家早已知道的道理。那么，在畸形社会，难道没有邪恶的成功吗？所以，湖畔大学也应研究成功，那些含有强烈邪恶成分但成功的案例，其实是失败，应纳入失败研究。

他刺痛了这个毫无希望的世界

　　无视数百名经济学家多年来的呼吁，诺贝尔委员会永远错失了这位有足够诺贝尔奖成就的经济学家，或许只因为他没有博士学位——在官僚化的学术界这是无法宽恕的"原罪"，或许还有更经济学的解释——例如，他口无遮拦得罪了诺贝尔委员会赖以生存的政府及依赖政府资助的大部分学术机构。总之，塔洛克，这位带着白羊座（不承认任何权威）天王星（学术）和水星（表达）的水瓶座（1922年2月13日）巨星，2014年11月3日辞世，享寿92岁。我认为他很高兴抛开这个世界，在刺疼了我们这个毫无希望的世界之后，他最喜欢说：Who cares！（我不在乎！）全世界官僚政治的批判者们最早感受到塔洛克的锋芒，今天，在他辞世之后，他们预言人类必将同样但更苦涩地感受到塔洛克的锋芒。

　　以《弗里德曼的生活经济学》为中国读者熟知的古典自由主义者、"市场无政府主义理论"的创立者、经济学家大卫，是诺贝尔经济学家弗里德曼的儿子（1945年2月12日出生），化学和物理学双学位、芝加哥大学理论物理学博士，从未在法学或经济学课程上修过任何学分，现在加州大学圣克拉校区讲授法学。2014年11月4日，大卫在"脸书"以及他的主页"观念"上写了一段符合他和塔洛克性格的纪念文字，结尾讲述了他与塔洛克最后一次对话，我的译文是：
"……最后一次见到他，是多年前在乔治梅森大学，我告诉他说我听说他要出版一本书收录他被学术期刊拒绝的那些文章。他笑着点头。于是我继续问他何时推出第一卷。"

2014年11月10日，保守主义政治期刊 *Human Events* 发表了一篇纪念塔洛克的文章，作者是竞争企业研究所（CEI）的总裁 Lawson Bader。他谈及塔洛克的粗鲁，有时不近情理，却使被刺疼的人关注真相与常识。

大多数追忆文章的作者都会提及塔洛克对经济学有超常的直觉，他们说他是第一位"经济学帝国主义者"。因为，塔洛克运用经济学原理解释政府行为确实比贝克尔更早，1962年他与布坎南合作完成了著名的《同意的计算》。1986年诺贝尔委员会授予布坎南经济学奖时，主要的依据就是这本书。认识他俩的人（例如乔治梅森大学的经济学家 Don Boudreaux）都这样说：布坎南和塔洛克是经济学家当中的列侬和迈卡尼，只不过，列侬的音乐实验失败率极高而塔洛克的经济学帝国主义所向披靡。布坎南自称是"田纳西农夫"，性情温和，思维缜密，谨言慎行，与塔洛克恰成互补。他俩的合作延续几十年——在此期间塔洛克倾力主编《公共选择》才使这份期刊享有今天的学术声望。

不论如何，他在芝加哥大学取得了法学学位，然后于1947年加盟美国外交部（国务院）派驻天津。从中国返回美国之后，他在耶鲁大学和科奈尔大学完成汉语训练，再获派驻中国香港和韩国首尔的外交情报部门，直到1956年退役。由于这一时期的切身体会，他

他刺痛了这个毫无希望的世界

写了自己的第一部作品《官僚体制的政治》，迟至1965年出版，由布坎南作序。次年，1966年，塔洛克将他的经济学帝国主义目光转向学院派学者们。他注意到大学和研究机构日益或许日益迅速地腐化着，究其理由，他指出，政府资助是"祸首"。任何学术机构都希望有更多的资助——意味着有更丰裕的资源，但政府资助不仅意味着学术研究必须在政府指定的领域而且必须得出政府希望的结论。这是常识，人之常情，但学术界还是要等待塔洛克喊出"皇帝没有穿衣服"！1967年，他在一篇讨论关税的文章里提出了关于"寻租"的经济学理论。不过，让学术界也开始讨厌寻租的，是在1974年，国际贸易经济学家 Anne Krueger 的文章 "The Political Economy of Rent-seeking Society"（发表于《美国经济评论》）。

行为经济学家也感谢塔洛克，因为他喜欢观察中文名"煤山雀"的小鸟的行为，并指出这些小鸟的行为符合需求定律。在蜜蜂传奇之后，塔洛克的这项科学研究成为生物经济学（bio-economics）或更广义而言，社会生物学（social biology）的经典。也难怪，1990年代中期学术界创设"社会生物学会"时，他是共创主席。今天，塔洛克的煤山雀研究，成为"演化理性"（evolutionary rationality）或"好像理性"（as if rationality）的案例之一。

他似乎性格如此，不喜欢学院派的生活，他讨厌生活的官僚化，而学院派生活确实在迅速官僚化。当然，非学院派的生活，有代价，例如很难得到学院派（包括诺贝尔委员会）的承认，又例如，学术论文充满创见却缺乏严谨于是拒稿概率很高。但是，我们都承认，塔洛克这些创见的效应，在他离开之后，还需要几十年才可能呈现给世人。

经济的限度

行为金融学基本问题

引言

一门学科为什么能够独立存在？基于常识的解答是，任一学科在人类社会里之所以产生，无非是出于好奇或实践。最初以"提问"的方式（例如屈原《天问》），然后以"对话"的方式（例如柏拉图《对话》），最后以"陈述"和"对陈述的检验"方式（近代科学实验提供了这一方式的规范形态）。知识各门类的演变路径由什么样的力量塑形？学术史和知识社会学能够提供的视角大致就是法学家卡多佐（B.N.Cardozo）在解释影响司法程序的四种力量时所采取的视角。对初始问题的解答在人群之内达成共识（主体间客观性）之后，便形成了"知识"，即柏拉图在《泰阿泰德篇》里记录的苏格拉底对话所得的"知识"定义之一："有根据的真确信"（justified true belief）。这里所说的"根据"（being given an account of），是以共识为前提的（否则就难以解答"葛蒂亚问题"）。达成共识的根据，为学科演变提供了"对话"（dialogue）的框架。在后来的演变中，这一框架可能被外部力量和内部力量不断重塑，并呈现为相当复杂的演化路径。例如，卡多佐指出的司法实践的塑形力量，可划分为

他刺痛了这个毫无希望的世界

"社会需要"和"道德习俗"——据此而来的司法判断是沿着"社会学方法"和"传统方法"的判断。此外还有司法实践内部的塑形力量，称为"法官信念"（acquired convictions）和"逻辑自洽"——据此而来的司法判断是沿着"演化方法"和"哲学方法"的判断。注意，社会需要和道德习俗这类外部力量通常表现为政治格局对学术资源在各学科之间配置的影响，这种政治影响和由此呈现的学术嬗变，是知识社会学的研究主题。

知识各门类在上述演化中往往形成各自独立的学科（学术传统）。这些学科可分为两类：（1）由独立的基本问题界定的学术研究范围及方法；（2）在不同基本问题界定的不同学科之间存在并由这些学科基本问题及方法派生的学术研究范围及方法。

例如，经济学是由基本问题"什么决定价格"和"价格决定什么"界定了研究范围及方法的学科，它的核心理论被称为"价格理论"。又例如，金融学是由基本问题"什么决定金融资产价格"界定了研究范围及方法的学科，它的各种理论通称为"资产定价"理论。

经济学和金融学的学术思想史，脉络清晰，呈现了下列七个知识模块：（1）关于"理性"假设；（2）关于"科学解释"；（3）经济学基本问题；（4）金融学基本问题；（5）行为学基本假设；（6）行为经济学及其基本问题；（7）行为金融学基本问题。

作为专业化教育方法的必要补充，跨学科教育的基本方法是：（1）将全部知识视为相互联系并演化的模块，主要考察知识模块之间的关系，这些关系如何依具体情境而改变以及这些改变意味着的学术演化趋势；（2）批判性的思考方式，旨在为每一知识模块以及每一核心概念划界，也是在"划界"（demarcation）这一活动中体现着康德式的批判思考。作为对比且与此互补的是被称为"应试教育"的专业化教育方法，其两大特征是：（1）局限在特定知识模块内部的分析性知识；（2）特定专业的学术传统内部的权威性思考方式。

一、关于"理性"假设

经济学的芝加哥主流学派关于理性的基本假设，被称为"完备理性假设"。与此相对立的，是所谓"有限理性假设"。这两大假设之间的对立及长期争辩，清晰地呈现了界定理性假设的两大要素：（1）个体对现象的令人信服的解释。注意，这一界说意味着，任何解释，不论是否符合事实，只要令人信服就足以将待解释的现象理性化。（2）主体间客观性（inter—subjectivity）。这里需要解释：假如笔者反复且感受强烈地梦见一位早已逝去的朋友，笔者可能确信那位朋友仍然健在。不过，因为笔者的其他朋友不能如此确信，故笔者的确信缺乏主体间客观性。

我们每一个人，只要清楚地描述了我们想象中的上述两要素，就等价于界定了我们自己关于理性的假设。假如笔者想象中的理性是"完备理性"，那么它等价于这样的描述：首先，笔者相信每一个人对每一现象都有至少一种令人信服的解释；其次，笔者相信所有个体对每一现象所提供的令人信服的解释的集合有非空的交集。这就相当于假设个体行为永远基于全体共享的知识，于是这就等价于假设没有与所考虑的行动相关的私己知识。又假如笔者相信的，是与"完备理性"假设对立的"有限理性"假设。那么，笔者所信的，等价于这样的描述：首先，笔者相信至少存在一个人，他不能相信关于等待解释的现象的全部解释。其次，至少存在一个人，他不能共享与他相关的全体知识。

为凸显这两类理性假设之间的严重分歧，笔者构造一个例子：笔者见到一位老友正在若无其事地饮一杯葡萄酒，并且相信那是一杯毒酒。那么，假如笔者关于他的行为有"完备理性"假设，笔者就应假设他知道那是一杯毒酒，所以笔者必须设想他试图结束生命的各种理由。然后，笔者不会有所行动，因为笔者的干预很可能违背他的旨在谋求最大幸福的理性选择。另一方面，假如笔者关于他的行为有"有限理性"假设，笔者可以立即行动阻止他饮毒酒，因为笔者的行动很可能对他和笔者而言是一种帕累托改善。类似地，关于中国的体制改革与经济发展，在以往30年里，经济学家们表现出两类几乎相反的立场。其一可被称为"泛自由市场"（笔者称之为"简单自由主义"）的立场，其二可被称为"批判自由市场"的立场。

如果不考虑经济学家与他所坚持的立场之间的利益关系，那么笔者相信，导致了如此严重分歧的，主要是他们关于中国大众的各种行为的理性假设。持"完备理性假设"的经济学家，不同意对市场有任何政策干预。因为，任何政策归根结底旨在帮助一些需要帮助的人。由于这些人具有"完备理性"，所以他们同意参与市场生活，这一事实本身就表明市场必定改善而非降低了他们的福利。另一方面，持"有限理性假设"的经济学家往往提出干预市场的政策建议，因为他们相信这些政策可以改善一些人的福利。现在，让我们想象一位全心全意试图帮助人类的火星人观察地球上的市场生活，如果这位火星人对人类的行为持有"完备理性假设"，他的立场必定就是简单自由主义者目前所采取的立场。可是如果他假设人类行为基于有限理性，那么他将干预我们的市场生活。这一心智实验表明，如果我们反对的是斯大林时代流行的中央计划体制，那么我们可以持有与这位火星人相近的"完备理性假设"。如果我们努力要改善的是"市场生活"本身，那么我们应持的关于人类行为的基本假设，必须是"有限理性假设"。后者意味着不存在完美的市场生活，恰如不能假设"完备理性"一样。

二、关于"科学解释"

如前所述，为现象提供令人信服的解释，也就是将现象予以理性化的过程。由此不难看到，令人信服的解释，可因解释者和倾听者所处的社会传统和知识背景不同而产生巨大差异。例如，在中国传统思想里居于主流的解释体系是基于"历史叙事"的，即所谓"春秋以定名分"。而在西方传统思想里居于主流的解释体系是基于"科学叙事"的，即所谓"逻各斯中心主义"。基于"科学叙事"的解释可分为两类：其一是因果关系的，其二是统计关系的。

因果关系，根据休谟的怀疑主义传统，被认为是脑神经元网络的一种联想功能——"因果性联想"。古典的因果关系，犹如逻辑关系那样，是确定性的。现代的因果关系不再有这样强烈的确定性，于是逐渐成为统计关系的特例。

基于统计关系的解释，因统计的性质而成为最具主体间客观性的科学解释。另一方面，统计关系的思想又源于因果性联想。如休谟所言，若事件甲和事件乙发生的时间或空间十分接近，就容易引发我们的因果性联想并通过多次观察确定这一联想的因果方向（例如甲成为乙的原因或反之）。休谟的这一经验原理，可追溯至与他同时代或早于他的科学实践中的"归纳"方法。在现代之前的时代，比归纳方法更具说服力的，是基于逻辑的"演绎"方法。康德论证说，基于逻辑的演绎方法及其命题的正确性不需要经验的证明，所以，它们构成先验知识的重要部分。

解释者根据对现象的观察，获得统计关系，确立"特征事实"。根据卡尔多的阐述，特征事实是基于广泛观察到的统计关系的抽象从而忽略了细节精确性之后得到的命题。这些特征事实，成为经济学建模和解释的对象。例如，基于市场经济各类指标的波动，我们抽象出下列特征事实：存在5年和25年的经济周期，存在投资的周期性波动，存在失业率的周期性波动，存在技术进步速率的周期性波动。然后，我们可建立旨在解释这些特征事实的增长模型。建模是这样一个过程：首先，从一些特征事实，我们假设一些因果关系并写出这些关系的逻辑表达式。例如投资周期与技术进步速率的周期之间可能呈现以5年为基准的同步波动，从这一统计关系，我们可假设存在从投资（常以"I"代表）到技术进步速率（常表示为"A"对时间"t"的导数）的单向因果关系。其次，写出这一因果链条的通常假设是线性的数学表达式 $(dA/dt)=a+bI$。最后，经济学实证主义要求，任何有意义的数学模型，必须面对经验世界的检验。所以，上述因果关系的数学表达，与其他一些因果关系的数学表达一起，若可构成一套封闭可解的模型并可导出一些在一组工作假设下可检验的命题，就可获得成为"经济模型"的资格。经济模型可由各类数据加以检验，并依特定问题和数据由之产生的具体情境而被解释者加以评价。此时，"令人信服的解释"可表达为统计推断和假设检验。

三、经济学基本问题

不同时期，形成了不同的主流经济学。芝加哥学派经济学大约自1970年代之后成为"主流"。芝加哥学派认为，全部经济学研究的基本问题是定价问题，惟一的经济学理论是价格理论。

"价格"（price），古典的汉语翻译是"价"——依照信息不对称性而有"私价"和"公价"之分别。存在市场时，价表现为价格。不存在市场时，仍有"成本"（cost），成本的正确翻译是"代价"（沿用张五常教授的翻译），意思是可用来代替市场价格的价。

本科生经济学训练的核心内容是学会从千差万别的现象中辨别"价"的各种存在方式。例如，排队现象，其实是一种定价方式。人情世故，也是一种定价方式。研究生经济学训练的核心内容是学会从千差万别的现象中辨别"租"（rent）的各种存在方式。在经济学思想史视角下，"租"是"价"的派生，但却远比"价"更难懂。

租的存在方式之一是"利润"——熊彼特定义的仅仅与企业家创新活动相联系的利润，又称为"企业家利润"。与企业利润相关的另一个"租"概念，由马歇尔定义，称为"准租"（quasi rent），即任何一项投入品所得的报酬高于使这项投入品不退出生产过程的报酬的部分。这一概念在教科书经济学里的表示，就是由需求曲线与边际成本曲线的交点所决定的竞争性价格高于平均成本曲线的部分（单位产品的租）。"准租"概念运用于企业家才能时，可导致一些理论困惑，也因此导致关于企业家能力和产业组织理论的更细致的研究。

经济学家的日常工作，如布坎南（J.Buchanan）指出的那样，是在每一情境内辨别出那些进入成本的事物，包括以物的形态出现的成本和不以物的形态出现的成本（例如布坎南分析过的不道德行为的心理成本）。更深刻一些，艾智仁（A.Alchian）曾指出：什么决定价格？这是一个远比"什么是价格"更重要的问题。在新政治经济学讨论中，笔者曾反复指出，"价格决定什么"比"什么决定价格"更重要。因为，民众可能不懂价格理论，也不明白价格是怎样决定的，但由他们投票表决的经济政策的实质是：他们对价格决定的那些后果是否满意。假如民众投票的结果是对现行市场定价机制的否决，那么，根据布坎南在《自由的限度》里阐述的立场，民主投票的结果，不论多么糟糕，毕竟是真实的民主过程从而必须予以承认。布坎南的老师——奈特（F.Knisht）也曾指出，一个社会最终能够达到的文明水平，取决于该社会的人民在多大程度上容忍个性的自由发展以及为此愿意支付怎样的秩序成本。

四、金融学基本问题

金融学的基本问题是"金融资产定价问题"，这里关键是"金融资产"的定义。诺贝尔经济学奖获得者托宾（J.Tobin）为《新帕尔格雷夫经济学大辞典》撰写的"金融工具"词条，将金融资产定义为"可转让的 IOU"（IOU 是口语化的"我欠你"）。这一定义切中要害。可转让，意味着我现在欠你的金钱／人情／义务，可被你当作"权益"转让给第三方。转让价格怎样决定？这是一个问题。金融学研究就是围绕这一问题展开的。

第一个因素是"时间"。在托宾定义的金融资产概念里，第二方将第一方承诺在未来必须支付的权益，转让给第三方并为此获得相应的收益（价）。这里，第二方和第三方关心的是，在怎样的未来（时段／情况／环境），第一方对第二方承诺的权益可以兑现给第三方。

在经济学里，"流动性"（liquidity）可定义为：在给定时段结束时转让一项资产所能够实现的价值，与这项资产在这一时段开始时刻的价值之比。这一比率越低，流动性也就越低。

时间因素还可以有另一形式的表述，就是金融经济学家法马（E.Fama）提出的"有效市场"假设，以及这一假设的弱形式和半强形式。直观地理解，如果证券价格充分反映了以往全部公共信息从而市场参与者不可能借助公开信息获得超额利润，则一个市场是"弱式有效的"（weakly efficient）。如果它是弱有效的并且任一资产此刻的价格变动已反映了全部新的公共信息，则一个市场是"半强有效的"（semi—strong efficient）。如果它是半强有效的并且任一资产此刻的价格已充分反映了以往全部的隐秘的或局内人的信息，则一个市场是"强有效的"（strongly efficient）。关于弱有效市场假设和半强有效市场假设的经验研究表明，既有支持这两种假设的数据，也有否证它们的数据。另一方面，关于强有效市场假设的经验研究，则多是否证性的。

时间因素的第三类研究主要来自由诺贝尔经济学奖获得者史密斯（V.Smith）领导的实验经济学。这里，"实验市场"达到均衡时，这一均衡由预先界定的时段内保持无交易的状态定义，实验市场已经实现的效率与理论均衡的效率（即由供求曲线交点决定的供给者剩余和需求者剩余之和）的比率，通常是85%，也可以低至60%，测度了实验市场的效率。

注意，当我们试图测度现实市场的效率时，我们必须首先定义现实中哪些状态可以称为"均衡"状态。无套利条件（no-arbitrage condition）是最重要也是最常见的可观测条件。原籍智利的一位重要的女性数学家和经济学家齐齐尔尼斯基（G.Chichilnisky）曾证明，在一组足够宽泛的关于社会选择机制的假设下，有限套利（limited arbitrage）是一般均衡存在性的充分且必要条件，也是阿罗不可能性定理的充分且必要条件。此处"有限"套利条件，十分接近"完全无套利"条件。由此推测，一般均衡（或博弈均衡）的存在性，与无交易状态有着某种深刻的联系。

五、行为学基本假设

行为学家霍曼斯（G.Homans）将生物个体的行为模式概括为五项命题，表述为统计性的因果关系（统计性的因果关系被称为"定律"而非"定理"）。其中，第一命题概括的是基于生物的因果联想能力的"成功"命题；第二命题概括的是基于生物对情境的适应能力的"刺激"命题；第三命题概括的是生物对行为与目的之间因果关系的强度判断，所谓"价值"命题；第四命题的内容就是经济学边际效用递减原理；第五命题概括的是生物个体因成功或失败而产生的情绪模式。

"有限理性假设"，是行为理论的基本假设。在心理学研究中，这一假设被视为当然从而通常不被提及。例如上述诸命题，如果预先假设"完备理性"，它们就根本不可能被霍曼斯当作有意义的命题。事实上，认真地比较了行为理论和经济学理论之后，笔者认为，"有限理性假设"使行为学研究从一开始就本质地不同于经济学研究。

行为经济学领袖人物之一的泰勒教授（R.Thaler），曾以"三重有限性"（the three limits）描述人类行为——有限的理性、有限的意志力和有限的自私程度。由于有限的理性能力，"情绪""记忆"与"学习"，以及与此相关的"认知""偏见"与"判断"等现象的心理学研究，在行为理论中占据重要位置。由于有限的自私程度，"合作"不仅符合自利原理而且符合情感原理。至于有限的意志力，这是一个基于值得争议的概念的行为学假设（关于"意志"概念），此处不赘。

凡以"有限理性假设"为基本假设的理论，就可归入"行为学"。虽然，在学术演变过程的初期，受机械主义世界观的影响，行为学未必能够涵盖如此广泛的研究范围。在学术史传统里，行为学是心理学的一个分支。

六、行为经济学及其基本问题

根据诺贝尔经济学奖获得者森（A .Sen）对社会选择理论的思考，不论是个体选择还是群体选择，选择的理性程度关键性地依赖于选择者知道什么样的以及知道多少信息。换句话说，选择的理性程度依赖于"信息基"。

我们知道，有限理性假设的两项界定因素是有限的信息和有限的理解力。这两项因素之间，存在着一种有趣的关系，笔者称之为"海纳模型"——最初由经济学家海纳（Heiner Flassbeck）提出。根据海纳的模型，当决策环境充满着不确定性而且决策主体的理性能力有限时，越是理性能力低下的生物个体，它的行为在旁观者看来就越是可预期的。反之，理性能力最高的生物个体理性选择的结果，它的行为在旁观者看来完全不可预期。观察者根据有限的信息对被观察的行为作出正确预期的能力，其实测度了他的理解力。极端而言，具有最高理解力的生物，例如想象中来自"人马座"阿尔法星的智慧生命，可以只知道对人类而言不可思议的微小的信息，便正确地预期人类在未来的任何行为。

所以，至少在"海纳模型"里，有限信息与有限理解力是一枚硬币的两面。其实，"你知道多少？"这一问句有两个层次：（1）你知道多少。（2）你的理解力允许你知道多少。

近20年发表的人类演化研究文献表明，最初人类祖先还没有从"四足猿"演变为"两足猿"的时候，他们必须与猫科（虎豹）和犬类（豺狼）竞争生存。这两类竞争者的体力和敏捷性，远远超过四足猿，却最终不能如人类这样广泛繁衍并成为优胜物种。究其原因，学者们指出，使人类在生存竞争中获得优胜的，是人类合作的能力而不是人类个体的能力。也因此，行为经济学的基本问题，逐渐地从最初关于有限理性的研究转变为关于合作问题的研究。今天，这一基本问题被概括为：合作为何可能（How is cooperation possible）？

注意，即便如此，经济学基本问题也不会消失。在关于合作问题的经济学研究中，我们最常遇到的行为经济学问题是关于各种基于"有限理性假设"的行动策略的定价问题。例如，最初的这类研究以"囚徒困境"多次博弈为范本。这里，合作的策略为何可能无限持续下去？对这一问题的解答，往往需要探讨在各种社会情境之内的合作策略的回报（定价）。当且仅当这一回报高于不合作策略的回报时，合作可以持续下去。回报可以是外部的，也可以是内部的。例如，费尔（E.Fehr）领导的脑科学与经济学（又译"神经经济学"）学派在最近10年提供的神经元网络研究证据表明，人类脑内早已形成对合作策略的"鸦片回报"系统。也就是说，合作行为（可能基于自利也可能基于利他），或更确切地说，单纯利他的行为，在行为主体脑内是与一定程度的多巴胺水平增加联系着的。多巴胺是脑内已知最重要的一种激素，它的分泌水平增加，与哺乳动物"幸福感"的增加显著地正相关。这样的统计关系，至少部分地解释了人类合作秩序为何能够如此长期存在。

行为经济学基本问题开辟的另一研究领域，是社会网络的研究。虽然社会学家早已关注社会网络，但经济学家研究的是社会网络的结构如何影响各类策略的定价。这一领域之所以更有希望成为主流，是因为与脑科学不同，社会网络的实证研究和仿真研究，直接与演化社会理论密切相关。在思想史视角下，这一理论源于马克思在写作《资本论》之前关于社会演化的思想。这些思想，马克思在诸如《德意志意识形态》和《1844年经济学哲学手稿》这样的早期作品里有相当清晰的表述。另一方面，几乎可以确定，从斯密的"交换正义"观念，经过马克思关于社会演化的论述，形成了布劳（P.Blau）关于"社会交换"的社会理论，再进一步发展为格兰诺维特（M.Granovetter）关于信息在社会网络之内传播的"弱纽带"理论。

行为经济学研究社会网络的演化过程，假设人与人之间的纽带关系是内生于社会网络而不是外在地给定的。于是，社会网络可以从一群原本毫无联系的个体的利益交往和利益纽带的定价演化而来，并逐渐形成稳定的网络结构——对应着马克思所说的"生产关系"。这些结构不同的社会网络，往往对应着现实世界里被观察到的具有不同文化传统和权力结构的人类社会。我们知道，由齐美尔（C.Simmel）在大约一百年前提出的"社会理论基本问题"被表述为：社会为何可能？对于这一问题，今天研究社会网络的学者大致能够回答说：社会因个体之间的交往而成为可能。于是，我们进一步询问：个体之间的交往何以可能？这一询问，应可追溯至斯密在《原富》第一册里指出的事实：人与人之间进行交换的倾向，必是一种"天性"，因为我们从未见过两条狗互换它们啃着的肉骨。

在美国麻省理工学院（MIT）的公开课件系列里，行为经济学家加拜克斯（X.Gabaix）2004年春季的课程"行为经济学与金融"（Behavioral Economics and Finance）十分清楚地表现了当代行为经济学研究的主题。这些主题被划分为13个授课单元：第1和第2单元介绍"前景理论"（prospect theory）——为此获得诺贝尔经济学奖的是心理学家卡尼曼（D.Kahnemann）；第3单元介绍"启发式"

与"偏见"——生物由于有限理性而必须掌握一些快速适应环境变化的行为规则；第4单元介绍"不确定性"与"噪声"；第5单元介绍竞争、市场不确定性、混沌与秩序；第6单元介绍"有限理性"及其模型；第7单元，关于"干中学"和"玩中学"；第8单元介绍"脑科学和经济学"及关于"幸福"的研究；第9和第10单元介绍上述各原理应用于消费行为的研究；第11单元，"公平"；第12单元，"习惯"与"效率"；第13单元，猜想与困惑，以及未来的研究方向。这些主题，其实可分为两大类：其一是"认知与决策"——即第1至第7单元的内容，其二是"评价与判断"——即第8至第11单元的内容。

就人类而言，幸福感有三重来源——物质生活的、社会生活的和精神生活的。来自这些方面的幸福感由特定的一套神经元网络加以汇总，这些集结了的信号之间常存在冲突，反映在我们的意识里被称为"情感冲突"，反映在我们的词语里，是诸如"爱恨交加"、"悲喜交加"和"苦涩的甜蜜"这样的复杂感受。大致而言，今天的脑科学研究表明，人类通常有三种"原情感"（primary feelings）——惧怕、悲哀和快乐。可能从这三种基本情感派生并复合的，是许许多多"次级情感"（secondary feelings）——内疚、羡慕、希望、失望、惭愧、嫉妒、悔恨……以及上述的各种矛盾情感——被称为"第三级情感"。

个体的选择，旨在增进幸福感，并以是否增进了幸福感为最终的评价标准。所以，我们赋予任何个体行为的理性化解释，不能回避幸福感的研究。幸福感的三重来源之一"社会生活"或许是中国人最主要的幸福感来源。这是因为孔子之后，中国文化逐渐确立了

"无神的"传统（可参阅梁漱溟《中国文化要义》《人心与人生》和更早期的作品《东西文化及其哲学》）。孔子之前我们知道，殷人信神，周人祭祖。若不是孔子对我们文化基因所做的天才转化，我们或许仍保留殷人的神的传统。在无神的文化传统里，伦理和家庭逐渐成为生活的核心，梁漱溟称之为"伦理本位"的社会。费孝通说，中国人的伦理关系如同水波形成的一层层嵌套的同心圆，每一个人是圆心，由此及彼，远近亲疏，而许多个人便有许多同心圆体系，相互纠缠着，是中国人的社会关系。

在社会生活中占据主导位置的是"公平"问题，或更一般地说是"正义"问题。公平的反面，是强权。弱肉强食的社会生活，很难产生大量的幸福感。所以我们说，对于市场生活的评价，最重要的问题不是价格被什么决定而是价格决定了什么，这是政治经济学基本问题。假如我们绝大多数人对价格决定的整体后果很不满意并通过社会选择过程将我们的不满表达为政治决议，那么目前的定价机制（资源配置机制）很可能就会被废止或代之以其他类型的定价机制。20世纪延续几乎一百年的中国革命及社会动荡，在很大程度上就是要解决"公平"与"强权"的关系问题，是中国人民为求解这一问题而支付的代价。

那么，西方人的幸福感是否和中国人一样主要地源于社会生活呢？未必。继承了古代希腊和古代希伯来文明的西方社会，它的演化路径十分不同于中国社会。例如，以罗马帝国后期流行的斯多噶学派的思想记录当中的奥勒留皇帝的日记为例，我们可以看出，对神和神定的世界秩序保持虔敬态度，几乎是获取人生幸福的惟一重

经济的限度

要的事情。斯多噶学派对诸如哈奇森和斯密这样的18世纪苏格兰启蒙思想家产生了主导性的影响，并显著地反映在斯密的《道德情操论》论述中。斯密深切感受到人类的有限理性并对神的先定和谐秩序始终保持虔敬态度，以致他在《原富》的论述中极少，甚至从未想到要提出任何普遍主义命题。他的全部陈述，都只局限于他的观察和体验。我们从斯密的生活经历可以推测，他坚持这样的文字风格，是因为他相信，只有创造了先定和谐秩序的神，才可能提出普遍主义命题。斯密指出，人，只可以"管窥"这一和谐秩序。这一虔敬态度，后来被哈耶克表述为一个基本命题：人类只可发现秩序。这一命题的意思是，人类不可狂妄地试图发明秩序。

在"印度—欧罗巴"文化系统内，在现代社会之前的漫长时代里，精神生活曾是幸福感的重要来源。即便在现代西方社会，诸如克里希那穆提这样的精神领袖，也依然主要从精神生活获取幸福。笔者试图描述精神生活这一维度的"幸福增加方向"的涵义，在极大方向那里，就是"完全自足"的状态。在这一状态里，个体不再有向外求索的欲望，它完全满足于那一精神境界。

一般而言，我们每一个人，在我们生活的社会里的幸福，取决于这样一种匹配过程：首先是个体因不能选择出生而发生的偶然性，其次是社会因不能选择路径而发生的偶然性。这两方面的偶然性，女性哲学家海勒（A.Heller）称之为"双重历史性"。请注意，历史性和偶然性密切相关，而不是如唯物主义者常常宣传的那样，历史与必然密切相关。历史为何由一连串偶然构成？笔者曾写过一篇关于《黑天鹅》的相当长的书评。我提供了一些晚近科学研究的论证。

每一个人的幸福，取决于上述的偶然性之间的匹配过程。这一匹配过程远比经济学家研究的例如婚姻市场或劳动市场里的匹配过程更复杂，不过，这些过程是可以类比的。

一个典型的普通人的生命演化路径，自诞生开始，沿着物质生活的维度发展一段时间，然后转入社会生活的维度，在物质和社会这一平面内的发展，越是后期，就越是伴随着他的精神生活的发展。所以，我们可以想象幸福感的三维空间，每一个人的生活对应着一条轨迹，如图1所示。一个人追求幸福的过程就是他与社会相互匹配的过程，由此而有的，就是这条生命轨迹，早期比较贴近"物的维度"，中期比较贴近"社会维度"，后期比较贴近"心的维度"，尤其如果他追随某一位精神领袖，那么就可能激烈地改变自己的人生路径。

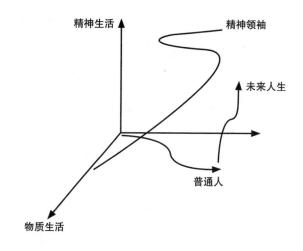

图1：生命演化路径

七、行为金融学基本问题

这一基本问题是基于有限理性的金融资产预期定价问题。首先，它兼有经济学特征（定价问题）和行为学特征（有限理性假设）。其次，它是金融学问题，因为这里关注的定价是金融资产的定价。最后，它不仅关注定价而且关注"预期定价"，从而成为基本问题。

让我们想象，如果大部分基金经理预期上证指数会在4000点水平遭遇卖压，这是一阶预期。基于这一预期的理性选择是在4000点之前卖出一部分股票，这是二阶预期。基于二阶预期的理性选择是在更低的水平卖出自己的股票，这是三阶预期。如此推演，一个问题是，为什么现实世界里很少见到高于三阶预期的行为？凯莫罗（C.Camerer）提供了一个解释：参与竞争的多数人只具备有限理性，他们的决策通常只考虑二阶预期或三阶预期。那些最聪明的人或许曾有过高于三阶的预期和决策，但由于他们是少数，假设市场权力均等，高阶预期的决策必定会因亏损而被淘汰——因为权力均等的市场相当于竞猜平均值的游戏。演化的结果，大多数市场参与者的二阶预期或三阶预期被市场确立为是"正确的"并引导市场参与者的未来决策。这也就是索罗斯原理：金融市场不仅可能扭曲真实经济活动而且可能诱致真实经济活动与扭曲了的市场信号相符合，从而导致更加扭曲的市场信号与经济活动。这一原理，可用来解释金融市场"泡沫"的发生和崩溃。

索罗斯是波普的学生，深受波普"开放社会"思想的影响，并为此撰写了一系列文章——伴随着他在中欧和东欧的一系列政治活动，主旨是批判日益僵化从而丧失了开放性思维方式（和生活方式）

的资本主义社会——伴随着的，是他在这些日益僵化的金融市场里的颠覆性投机活动。金融投机和思维开放，可能使索罗斯从资本家手中挽救资本主义社会。

究其实质，以金融衍生工具为载体的投机活动必须基于预期，而且往往必须基于对多数人高阶预期的预期。为指导这样的活动，古典金融学确立了下列四项知识模块：（1）技术分析；（2）财务报告分析；（3）宏观金融分析；（4）微观金融分析。在这一基础上发展起来的现代金融学，又增加了另外两项知识模块：（5）社会心理分析。（6）市场微结构分析。

预期定价是怎样一个决策过程呢？大致而言，个体理性是记忆力和理解力的函数。记忆力随年龄而下降，理解力随年龄而增强，所以，个体的理性思考能力是一条"彩虹"形的曲线，在大约0——25岁的阶段，记忆力占主导而理解力较低。古希腊人认为，青年人的理性思考能力随理解力的增加而增加，在大约45岁时达到高峰。现代的观察，在大约65岁达到高峰，然后，在大约90岁以后，记忆力降低至某一阈值，老年人的理性思考能力下降或（如果发生老年痴呆症）迅速下降。图2显示了这一过程：

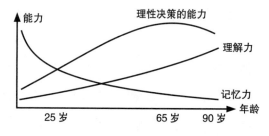

图2：个性理性演变过程

个体理性有三重来源：（1）习俗。这是一个远比金融活动更缓慢的演化着的传统，这些习俗也包括市场参与者的共同知识，例如以上述六项模块为主体的金融学知识、经济学和社会心理学等方面的知识。共同知识往往诱致共同的预期和高阶预期；（2）独立探索。在金融市场里，这一探索尤其要包括研发部门的数据收集与分析工作；（3）对成功决策的模仿。这一策略，因为节约了独立探索的成本，对多数市场参与者来说，最具诱惑力。不过，科学研究表明，在充满不确定性的决策环境里，假设只有两种生存策略——独立探索和模仿成功，那么，任一群体的平均生存概率，随着模仿者在群体总人口中所占比例的增加，先是增加，至某一阈值后，便迅速下降，甚至可导致人口崩溃（即群体的消亡）。

现在可以讨论市场有效性假设的涵义。我们知道，弱有效性、半强有效性和强有效性，这些假设都是关于信息在个体之间不对称分布的假设。市场机制的功能在于，任一完全私人的信息，只要可能带来利润（租），就可能诱致信息持有者的套利活动。市场机制的本质特征是"允许套利"，这就等价于允许一部分市场参与者为了分享可获利的私人信息而向私人信息的分享者付费。均衡，如前所述，等价于套利活动的终止。这就等价于一切可能获利的私人信息已经完全共享了。图3所示的，是一种最小信息的市场情境，这一情境的参与者，他们只知道一个点（对应着横轴上的时间和纵轴上的资产价格），以此为决策信息，可能形成的价格预期，不难划分为三类——向上、向下和持平。

每一参与者将如何利用自己的私人信息来套利呢？根据前述

行为金融学基本问题

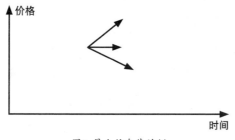

图3:最小信息基的例

"科学解释"和"行为金融学"的知识模块,我们知道,市场参与者可以利用技术分析(technical analysis)或基础分析(fundamental analysis)从已经占有的数据中获取关于未来价格的信息。

来自基础分析的信息,例如微观金融层面的企业资产和经营状况、会计和统计指标变动,和宏观金融层面的政策与法律变动、国民经济指标变动、国际关系重大事件……这些数据分析,主旨不是要揭示已经发生的事情而是要预期将要发生的事情。类似地,来自技术分析的信息,往往包含着远比基础分析更广泛的社会、经济、政治、历史、文化等结构变化的难以量化的可能性。当我们不能以任何指标来描述潜藏着并决定了现象的因素时,我们的注意力只能集中于现象本身。笔者认为,这才是作为一种基于统计关系的理性化解释的技术分析的实质。

诺贝尔经济学奖获得者威廉姆森(O.Williamson)曾将决策者面对的不确定性划分为两类:环境不确定性(environmental uncertainty)和行为不确定性(behavioral uncertainty)。上述的数据分析方法,目的在于降低决策者在预期定价中面对的这两类不确定性。

最后，理性的市场参与者还必须将他想象中的其他市场参与者的上述的决策行为，从个体的集结为群体的，借助于例如"前景理论"或统称为"决策与判断"的各种理论，并在此基础上形成二阶的和三阶的判断。

以上的预期定价过程，从旁观者角度看，是一个博弈过程。最终，仍是金融市场的竞争性和公平性产生"优胜劣汰"的结果。行为主体则据此修正自己在未来竞争中的决策与判断。

美食经济学

美食经济学的定义

美食与经济学，各自有一整套思想史。我说过，学问之初就是学术思想史，否则学者无法判断各种问题之重要性，当然也就谈不上学问。不过，这里不能阐发例如中国历史悠久的美食思想史，也不能阐发例如西方百年以来日臻完备的经济学思想史，这里只定义美食经济学，而非美食与经济学。

狭义且简单而言，美食经济学是经济学的一种应用，具体而言就是现代经济学的匹配理论应用于美食。从未见过"matching theory"的读者不妨维基百科检索这一短语的经济学解释，匹配，是一个寻求均衡的过程。最初引入这一术语的是几年前辞世的老贝克尔，想象一群人有男有女（当然也可有其他性别）试图寻求均衡匹配，当没有任何男人或女人有足够激励改变自己既有的配偶时，就说这群人实现了均衡状态。美食经济学的基本问题是，怎样使世界上的美食与世界上的人达到匹配均衡。

经济学是西学，而美食的思想史以中国最为悠久。因此，西方的经济学家很少试图建立美食经济学，而中国的为数很少的我认为够格的经济学家，也很少试图建立美食经济学。因为，美食经济学要求够格的经济学家懂得美食。何为美食？这是一个需要首先界定的问题，或许也是美食的基本问题。

何为"食"？每一个人都懂得为何食，以及大多数人（中国人很困难）都能辨认可以食的与不可以食的。此处需要指出，分辨可吃与不可吃的，现在越来越难，尤其对中国人而言。于是由此引发了一项难以克服的困难，就是美食经济学家必须引入一些经济学原理以辨认可吃与不可吃的。这些原理，姑且留待后来探讨。

在全部可食的当中，"美食"是一连续谱系。读者可参阅我写的有关"知识互补性"文章（例如1995年发表于《经济研究》的那篇），以便懂得"拓扑"的粗与细，以及这一数学概念运用于认知（推广至"知识"）得到的命题。或者，读者可参阅陆文夫《美食家》描写的那位主角朱自冶对美食的认知能力。陆文夫反复提及，朱自冶之不同于普通人，因为他能说出食与食之间千分之几的差异。我引入拓扑结构的粗与细，是对陆文夫使用的语言的精确化而已。一个人关于何为美食的体会，随着他的食的演化史而演化，假如可能收敛，那么，借助我在《行为经济学讲义》里介绍的西蒙教授关于局部最优与全局最优的寻优算法，读者可以懂得，收敛到局部最优或全局最优，二者之间有本质差异。我的美食经济学探讨，暂时满足于西蒙描写的局部最优。一个人关于何为美食的体会，或迟或早，演化至某一局部最优状态，便有了他自己对美食的成熟判断。袁枚《随园食单》序言里引述《文典》曰：一世长而知居处，三世长始知服食。意思是，一代人富起来，可以懂得何为好住房，可是三代人富了，才开始懂得何为好衣服与好食物。

可见，一个人关于何为美食的体会，演化到局部最优也需要时间，很长时间，乃至三代人的时间。林毓生某年某日对我说，台湾民间的说法是，三辈子学穿，七辈子学吃。照此说法，美食的局部最优很大程度上依赖于一个人的先天能力。难怪陆文夫写的朱自冶，苏州只此一位，而且经过浩劫没有消失，苏州美食之存续，几乎只依赖于朱自冶一人。这是陆文夫的小说，不能当真。不过，先天的味觉和嗅觉，确实在相当程度上可以决定一个人关于美食的体会能达到的局部最优到全局最优之远近。不论如何，读者可以想象，存在一个似乎连续的谱系，距离全局最优由近及远，直到某一位食客体会的美食在全局最优者的体会中完全不能说是美食。

美食经济学的演化

偏好，可以想象为我们依照各自的价值权衡将万事万物的价值由高至低、由上至下排列为向量。一个人关于美食的体会（这是一个需要详细解释的名词）可视为他的偏好或价值向量里的一些分量，这些分量当中排序最高的当然就是对他而言的"美食"谱系里最佳的食。

在演化论的视角下，一个人的偏好可能也可能不由他的后代传承，取决于带着他的偏好，与不带着他的偏好的后代，相比之下是更多或更少。因此，偏好的演化，导致美食体会的演化。

很显然，在经济发达社会里，现代人的美食体会，与在经济不发达社会里的相比，更倾向于养生美食而不是饕餮美食。演化医学家早就指出，今天活着的人当中，饕餮之徒的祖先，与养生美食家的祖先相比，更可能传承了饥寒交迫时期的偏好。例如，我对甜食有难以抑制的欲望，故以更高概率，我传承了祖先在饥寒交迫时期的饮食偏好。或许在我这一代，从我开始，养生美食的偏好逐渐占据更大比重。

也就是说，以上讨论意味着，在人类的美食谱系当中，在无数可能的局部均衡当中，那些更接近全局均衡的美食更可能长期存在，而那些更远离全局均衡的美食更可能消失。因为，基于贝克尔晚年一篇论文的偏好演化模型，不难想象，全局最优的美食，对应于长寿群体的偏好，而长寿的概率在养生美食者的群体当中更高。

当然还有另一种可能，那就是技术的影响。例如，医疗技术的迅速进展很可能在未来二十年之内将人类期望寿命每年增加一年以上，这就意味着人类终于战胜了时间。更确切而言，那时新生儿的期望寿命比他们上一年的新生儿的期望寿命增加一年以上。对我们这些老人而言，这一预言意味着医疗技术可能应对的疾病种类更多而且预后更好。前几天我遇到一位资深医生，也是我的老友。闲聊癌症，我从她那里得知，以前我们认为最难以对付的癌症，现在已经很容易对付了。所以，我认为是误诊的那些患者，她认为并非误诊而是确实更容易治疗了。依照这样的技术想象，心血管疾病和泌尿系疾病以及其他与饕餮相关的罪恶疾病统统可能变得更容易对付，于是我展望美食的另一可能演化路径，在那条路径上，饕餮美食如果不是更幸福的美食，至少也可与养生美食长期并存而不会被自然选择的力量淘汰。

美食经济学的界说理论

罗素说过，知识有直接知识（来自自己的经验）、间接知识（来自他人的经验）和内省知识（来自心灵的感悟）。罗素的知识分类有争议，此处不赘。金岳霖《知识论》的内容或许停留于他写这本书的时代，但表达方式具有后现代涵义，这是因为他使用汉语来表达他理解的西学，而且他对中文的感觉特别优秀（正宗）。总之，知识与体会，二者之间有实质差异。体会的意思首先基于"体"，是身体的而不是心灵的。但是东方思想通常可以探讨超越这种二元分类的思路。也因此，熊十力使用"体证"而不用西学通用的"实证"。因为，实证主义的思路归根结底基于外在于心灵的检测手段，而体证是身体与心灵的合一，现代人常用"内证"来表达熊十力的"体证"。有了上面这一番铺叙，体会的意思就很清楚了，基于身体经验（罗素的直接性）的感悟，也就是"会"的意思，会意，领会，领悟。

美食体会之于人类（金岳霖讨论过人类之外的动物的官觉），首先是基于五官的，但认知科学家同意，心理暗示可以影响官觉，于是可以先有基于观念的会意，然后才有基于五官的感觉。意义与感觉相互强化或相互抵消，这是品鉴美食者特别要警惕的。例如，我心情很糟糕的时候，倾向于给美食很低的分数。或者，我心情很好地坐在我认为很优秀的主厨餐桌前，却感觉菜肴很差，于是猜想这位厨师心情很糟糕，从而这一桌菜肴并不表明主厨的管理水平很差。

在人类的五种官觉当中，与美食关系最密切的，首先是嗅觉与味觉，其次是视觉、触觉、听觉。托马斯·里德是苏格兰启蒙思想家，与康德同时代却远比康德更深入阐发了人类的五种官觉的特质。依照里德的阐发，或者依照康德的推测，嗅觉与味觉是人类最隐私最内在的感觉。现代科学（胚胎学和脑科学）支持里德和康德，关于嗅觉和味觉的脑区，演化发生最早。今天，我们在脑图里可以见到，嗅脑（围绕嗅泡发育的脑区）以及嗅泡（从鼻腔延伸到脑的神经终端）明确地独立于丘脑，而其他四种感官信号必须通过丘脑的整合（上传给大脑）才有所谓"统觉"或"知觉"。人类演化的先祖物种当中，两栖动物是一个关键环节，前溯就是有骨鱼（而不是软骨鱼），后续就是爬行动物及爬行动物脑在人脑三层次里的位置。更早的阶段，腔肠动物，可以想象有消化道以及这一通道的进口和出口。哪怕是腔肠动物也还很高级，因为更早的演化阶段，有棘皮类和软体类。如果回到最初的阶段，大约15亿年至5亿年以前，那时已有了相当发达的多细胞体，而且这些细胞已因分工和专业化而分化出来三种功能，其一是接收外界刺激的神经元系统（感觉），其二是解释接收外界刺激的神经元传送的信号的神经元系统（脑），最后是执行运动指令的神经元系统（运动）。腔肠动物的感觉运动神经元系统，演化发生了触觉。显然，那时还没有听觉、嗅觉、视觉、味觉等等官觉。现代文献所说的荷尔蒙铁三角（参阅 Paul Zack 2011），即"多巴胺""血清素""催产素"，从演化形成的阶段看，催产素最晚，是哺乳动物演化阶段形成的，而血清素最早，与消化系统的"饥饿感"和由此而来的"恐惧感"密切相关。血清素的发生年代，我推测早于5亿年前。可见，抑郁症的发生（常与血清素水平偏低统计相关）有特别悠久的历史，或许早于哺乳动物演化阶段（也就是早于

"产后抑郁症"的演化阶段），或许与吃密切相关呢。

　　我想象的美食之所以必须有"食"而不必有"色"的理由，上面已经说得相当详尽。那么，舌头的味蕾，最初演化发生的阶段呢？一项基本事实是，腔肠动物乃至鱼类，都没有舌头。爬行动物有舌头，例如蛇。在人类大脑皮质的中央沟的身体感觉脑区当中，口舌占据的比例很大，以致人类的原始身份其实就是"食色"与"手"。昨天我参加了一个川菜吃货的微信群，探讨得知，川菜之为美食的核心因素是花椒（汉源花椒古代巴蜀就有），而花椒的麻，是一种感觉却不是味蕾四种感觉（甘酸苦咸），也不是现代科学认可的第五种味觉"鲜"。花椒含有大量的山椒素，这是一种麻醉剂。国内的研究报告指出，花椒作用于口唇和舌头产生强烈的麻感（电击感）。不难推测，基于花椒的美食，主要作用于身体表面导致麻醉感。花椒最初由楚人用于泡酒祭祀（椒酒），延伸为食物调料，主要用于缓解肉类之腥膻。

　　因此，探讨美食的认知科学原理，在味蕾之外，有必要增加口唇乃至触觉。嗅觉、味觉、触觉，然后是视觉（色香味），或许还应考虑听觉。

美食经济学的基本问题

　　美食在中国的历史，与中国的文明史一样，被称为世界唯一连绵不绝且时间最久的历史，于是素来在世界美食领域占有重要甚至核心的位置。虽然，中国经济学在西方的经济学教室里算是边缘的而非主流的。

我写过一篇文章《食，究天人之际》，是我刚到杭州时期的作品。大约在结尾部分，我介绍过烹饪大师董顺翔的中西餐饮比较学说。我理解和发挥的他的概括是，西方的饮食，重在管理，而管理者追求"千人一面"的境界，即不论谁来烹饪而且不论谁来品尝，味道皆同。恰如西方的枪炮武器，每一零件都可更换，因为标准化的生产过程已足够精密从而武器零件的更换并不导致武器失灵。西方坚船利炮的这一特征，当时对中国知识官员冲击强烈，以致李鸿章致函曾国藩倡议同文馆课程引入算学与天学（曾国藩对此深表忧虑）。千人一面的境界，董顺翔认为恰好是中国餐饮最忌之事，因为中餐的最高境界在于"千人千面"，即任一菜肴，在任一时刻，由同一人烹饪，效果皆不同于以往。也因此，家常菜最考验厨师功夫。一碗白水、一棵白菜、一把海盐，生活每日不同，白菜每日不同。陆羽列出泡茶之水的等级，大多被后来的茶书颠覆，七品被扩展为二十多品级，以致最高境界就是原汤泡原茶，本地的茶，最好以本地的水来冲泡。药食同源，中医的境界与饮食相类，任一人在任一时刻的状态，皆不同于以往，望闻问切，由生命之局部信息判断生命之整体状态。平人不病，病必有偏，大的偏离曰积习，生命整体状态的健康与否，取决于积习是否得到修正。不修正积习，在演化过程中自然淘汰，平和中正，能得天年。但是平和中正的修养，每时每刻都要用心体会，认真对待日常生活，夫子之道忠恕而已，或曰"敬"。养生之道，儒家讲求性与命并修，道家只修命不修性，佛家只修性不修命。性命双修的境界，当然不可能简化为千人一面。由此观之，中西美食的经济学，或餐饮的管理经济学，就有了中西本质差异，这是美食经济学需要解决的困难问题。

在另一篇文章《杭州哈里》当中，我引述那位曾为英国皇室烹饪的行政主厨华纳文的概括，美食的第一原理，是以你能买得起的最好食材，用心做。显然，他说了两项基本原理：其一，最好的食材（当然要买得起）；其二，用心做，而不是不用心做。这两项原理的合取式，就是中西皆同的美食第一原理。何种社会、文化、政治、经济管理体系，以更低的成本提供更好的食材，并且何种制度安排更可能诱致厨师用心做饭？这是美食经济学需要解决的另一困难问题。

经济学的"错置实境"迷途

　　我们这一代经济学人是20世纪80年代出国留学然后回国教学的。那时，西方人开始反思和批判自己的经济学。我清楚记得在夏威夷大学图书馆见到由凯恩斯主编多年的《经济杂志》展望未来百年经济学的专号，被邀请发言的经济学领袖们多数都对当代经济学过于技术化的倾向表示不满。根据他们的预见，从20世纪80年代开始，未来的一百年，经济学将逐渐摆脱技术化的倾向，转而关注真实世界里的重要问题。

　　马歇尔写《经济学原理》的时候，生怕技术细节误导读者，特意将几何和数学推导统统放在脚注和附录里——这是社会科学长期坚持的写作风格，以威克斯蒂德的两卷本《常识政治经济学》为典范。在小范围之内，学术交流不必写书，这就是所谓"口述传统"，古希腊诸学派大多如此。文字传播成本逐渐下降，到了柏拉图的时代，写书的传统对古老的口述传统构成威胁。柏拉图反对文字，似乎文字是遮蔽真实记忆的毒药，文字不能取代情境却诱使读者相信它足以如此。于是，读者无法参透"颜子所好何学"（参阅我写的一篇短文《文字的代价》）。随着社会交往范围的迅速扩展，书本知识越来越成为人类知识的主要部分。不过，在凯恩斯的"小圈子"里，面对面的交往仍受到最高程度的重视（参阅《维特根斯坦传：天才之为责任》）。

文字确实是一种毒药，犹如今天的微信和手机，让我们忘记关注面对面的交往，沉迷于无数陌生人举办的假面舞会。那么，知识呢？知识不再有根，远离它由以发生的真实生活情境，在假面舞会里飘来飘去。怀特海很早就有警觉，称之为"错置实境"谬误——因为他见到太多的年轻人真心相信他们说出或写出的一连串符号（语词）涵盖着真实体验。这些人相信，只要大众媒体铺天盖地使用"市场"这一语词，大众体验的生活就已经是市场生活了。这样的"错置实境"谬误也在我和妻子的日常生活中发生，假如我们坐在一家雅致的餐馆里，假如菜单上的菜品名称足以唤醒我们的美食记忆，宁波汤圆、清蒸鲫鱼、港式片皮鸭……那么，真实体验往往令人失望。我们习惯于用语词代表我们的真实体验，我们几乎无暇检验或者很难检验这些语词是否早已脱离了最初的情境。

继续讲我们这一代人的经济学故事。我们出国留学的时候，国内的经济体制改革刚刚开始，"包产到户"在农村取得的巨大成功，使政治领袖们获得勇气将这一方法运用于城市。这一背景意味着，我们这一代留学生很少对市场经济有切身感受。当我们的西方老师在黑板上书写长篇数学符号时，他与我们——从小生活在市场社会里——完全不同，我们没有市场体验，能够研读的就是那些数学符号之间的逻辑关系，于是我们当中多数人其实努力要成为的是应用数学家而不是经济学家。

我知道许多和我一样的留学生，都只不过是应用数学家而不是经济学家。我们回到中国讲授经济学，而且因为是中国社会最优秀的一代人，我们掌握着经济学的话语权，我们成为大学校长、经济学院长和经济系主任，我们指导自己的博士生——像我们在西方体验过的那样，我们改造国内的学术期刊——让尽可能多的技术细节充斥着由我们审阅通过的论文。

最初，技术是一个希腊语词，意思是"机巧"，也就是关于偶然性的艺术。后来，它失去了自己的古典涵义，逐渐成为人类控制世界的欲望之车，并因此而与权力结盟（参阅我的《新政治经济学讲义》第五章至第八章）。经济学家使用数学符号，原本是要尽可能减少文字的歧义性。天下没有免费午餐，如凯恩斯在一封信里指出的那样，经济学家使用数学符号的代价是：鲜活的观念因此而死去。因为，数理风格要求在一系列严格的假设下推演文字，从而不再有隐喻和联想，不再有古典文风的魅力，于是阅读也不再是富于创造的。

对于一篇通过严格匿名评审程序发表在优秀学术期刊上的论文而言，大多数读者充其量只能同意作者写出来的每一行结论，少数读者可能不同意作者的某些或全部假设，只有老练成熟的读者才可洞察因错误假设而导致结论所意味的体验与真实体验之间出现的本质差异。

换句话说，数理符号是柏拉图描述的迷药，它使大多数读者和作者误以为符号涵盖了真实体验。哈佛大学老资格的中国问题专家帕金斯有一次为中国留美经济学会的学术期刊撰文，特别提醒中国经济学家不要像他们的西方老师那样，从书架上抽出一盘统计数据塞到电脑里运算得到结果，就相信自己解决的是中国问题。如此计算的结果，你怎么相信你解决的是中国的而不是德国的经济问题呢？事实上，目前发表的很多经济学文章，如果将文章里的"中国"改换为"印度"或"西班牙"，完全不会对文章的结论产生影响。知识不再有根，知识不再能返回常识。事实上，不仅经济学，而且知识论和社会理论都已随着技术进步而沦入"错置实境"的迷途。这是西方的命运，现在也是中国的命运。

收入分配与正义诉求

首先要讨论的是这样一个关键议题：在经济发展过程中，收入分配通常由哪些因素决定？其次，我认为需要讨论的是另一个关键议题：与收入分配密切相关的正义诉求，怎样决定政治演变的可能路径？

依照我的习惯，从已知最具一般意义的社会发展过程开始叙述。

根据韦伯的政治社会学（参阅韦伯晚期著作《经济与社会》卷一和卷二的相关章节），群体的秩序，可根据治理之正当性的来源区分为三种权威类型（现实的秩序往往是这三者的混合），其一称为"传统的"，基于习俗或圣典，以及阐释者的权威性（长老、僧侣、乡绅）。其二称为"法理的"，基于理性的法律及官僚科层。其三称为"奇里斯玛的"，维系于英雄或领袖人物的神圣性质或超凡魅力。

又依据经济学家、思想家奈特和他的学生阿罗（参阅阿罗的博士论文《社会选择与个人价值》），集体决策（又称为"社会选择"）可以有三种方式，其一是"习俗的"，其二是"独裁的"，其三是"理性协商的"。现实中的社会选择方式，往往是这三者的混合。

希克斯在《经济史理论》的开篇，讨论了在"市场社会"出现之前的两种模式，其一是"习俗的"，其二是"指令的"。大致可以认为，传统的或基于习俗的秩序，与另外两类秩序相比，有最悠久的历史和史前史。

另一项基本事实是，伴随着传统型秩序的大部分历史和史前史，考察任何一个文明，我们不难同意，人均收入水平极低，以致收入分配不平等的程度不可能很高，否则必有大批社会成员因无法获得维持生命所需的最低能量水平而死亡。

根据仿真计算，这一漫长历史时期的基尼系数应恒常在0.3以下。与此相适应的人口规律是，极高的出生率和极高的死亡率相互抵消，从而保持长期的人口净增长率为零。

我们考察收入分配，不能忽视随机冲击的影响。哪怕是在传统社会里，疾病、战争、自然灾害与技术进步，主要以随机冲击的方式影响社会、人口、经济和政治过程。在市场社会，随机冲击对收入分配的影响更大，以致经济学家通常要将随机因素列为收入分配的首要影响因素。列在随机因素之后的，对传统社会而言是"身份"，对现代社会而言，由于政治民主化，身份的重要性逐渐下降。依照芝加哥学派经济学家贝克尔等人在2000年一篇工作论文里考虑的顺序，身份（可继承的社会地位）之外的影响因素是能力、教育（人力资本）、资产（物质资本）。作为对比，芝加哥学派之外的经济学家，最著名者如阿西莫格鲁在2005年以来发表的几篇论文中倾向于相信，最重要的是制度因素。掠夺型的制度倾向于使收入分配极端不平等，共享型的制度则可降低收入分配不平等程度。

对现实世界以"权力分配"为核心内容的政治过程而言，远比收入分配更重要的，是财富的分布问题。收入是流量，财富是存量。

仅当收入差异维持得足够久，由收入不平等积累而成的巨大财富差异才成为政治失稳的原因。

由于缺乏数据，宋国青或许参考美国数据沿用的一项"拇指规则"，即家庭年收入的六倍大约是家庭的财富（不动产）。皮凯蒂在2014年出版的《21世纪资本论》里发表的欧美各国长期数据表明，宏观而言，资本总值（财富存量）与当年国民生产总值（收入流量）之间的比值，在2倍至7倍之间波动，欧洲财富在1910-1930年期间大幅减少，从7倍下降至3倍。相比之下，美国财富在长期内稳定在4倍至5倍之间。

晚近十年，在例如QJE和AER这类权威经济学期刊上发表的收入与财富不平等趋势的研究报告表明，由于人力资本已经成为财富的主要部分，不平等趋势正在强化。

因此，在200年的长期视角下，不平等程度似乎呈现为一条"澡盆型"曲线——仅在1940年至1990年期间有较低程度的不平等。也因此，我认为对皮凯蒂2014年这部著作的任何严肃评论，都需要深入探讨知识社会的收入分配和财富集聚规律。

制度与财富积累之间的关系，是一个重要的制度经济学主题。

2009年10月30日，《科学》杂志发表了关于21个历史的和当代的小规模人类社会中财富分布不平等程度的经验研究报告，由阿西莫格鲁和罗宾森撰写了评论，标题是《社会不平等的多重基础》。长期而言，收入分配的差异需要积累若干世代，然后形成财富分布的显著不平等。于是，仅当父代的收入扣除消费之后（即"储蓄"）能够以"资产"（例如工具、土地、贵金属、耐用品、社会地位和"关系资本"）的形态传承给子代，才可形成财富的显著不平等。所以，人力资本通常难以在代际之间传承。阿西莫格鲁和罗宾森指出，并不是任何资产都被允许在代际之间传承。社会制度决定了代际之间可传承资产的种类。

在欧洲历史上，只有特定人群的特定资产是可传承的。仅当社会足够重视劳动分工与专业化的收益时，社会制度才会保护私有财产。当然也可以偶然先发生保护私有财产的制度，然后，分工与专业化的巨大收益诱致制度复制自身。

收入分配不平等长期积累形成财富分布的极端不平等，是引发社会失稳的首要因素。

奈特1933年指出市场经济有两大邪恶趋势，其一是形成垄断，其二是累积性的财富不平等。"邪恶"，因为他相信这两大趋势的任何一个，均可最终使自由消失。

卡尔·博兰尼在《大转折》开篇指出，旧秩序导致了两次世界大战，这是每一位知识分子必须正视的基本事实。19世纪的旧秩序建立在四项制度基础之上，其一是各国力量的平衡体系，其二是国际金本位制，其三是自我调节的市场模式，其四是自由政体。他认为，自我调节的市场模式和与其相适应的自由政体均已失灵。

市场模式与自由政体是否长期失灵？有待实践检验。目前占据主流位置的经济学，不再认可完全自由放任的市场经济。斯蒂格利茨在诺贝尔奖发言中概述"信息经济学"范式逐渐取代斯密"看不见的手"范式的历史时指出，当人们不能忽略信息不对称性时，价格与行为不再仅仅承担着资源有效配置的职能而且承担着信息有效配置的职能，由于不存在可以同时实现资源有效配置和信息有效配置的价格与行为，人们转而寻求最不浪费资源与信息的配置机制。

知识是被理解了的信息，噪声是不被理解的信息。贝克尔在1999年胡佛研究所工作论文开篇声称，21世纪将是人力资本的时代。德鲁克在1993年《后资本主义社会》中预言，世界已进入"知识社会"。在知识社会或人力资本的时代，托夫勒指出，无产阶级和资产阶级都将消失，代之而起的只是"知识工作者"，以及每一个人掌握的知识与他人掌握的知识之间的关系。

知识的经济学特征在于：（1）它可在无限大范围内分享而不改变它的有效性。换句话说，知识是纯粹的公共财；（2）很少知识是免费发现的。在后资本主义社会的经济活动中，研发费用正在并且加速度成为最主要的生产成本；（3）知识具有强烈的信息不对称性，也因此使知识定价极为困难。一方面，知识的价格正比于它的有效性。另一方面，只在付费之后，买方才有机会正确判断知识有效性的价值。尊重知识产权（名誉、文凭、职称、专利、品牌、文献引用、商业秘密），可以大幅度降低因知识的信息不对称性而来的定价成本。

在知识社会，由于"幂律"的作用，收入分配不平等程度可能极大地增加。幂律是收益递增的特例，最简单的仿真模型是"黏着偏好"——新加入社会网络的成员总是更愿意与那些已经认识了更多成员的成员相识，于是导致认识最多成员的成员认识最多的成员（参阅汪丁丁《行为经济学讲义》）。这一原理作用于互联网商业模式，或更普遍运用于任何信息网络，就产生"赢者通吃"的格局。如果说，在知识社会，信息的聚散意味着商业机会的聚散，那么，幂律意味着知识社会收入分配的极端不平等。所以，奈特以权威经济学家身份指出的市场经济的两大邪恶趋势——垄断与累积性不平等，在知识社会，在收益递增规律主导着的任何经济社会，是更值得关注的趋势。

由于伴随着财富聚集的巨大权力总是倾向于垄断，收入分配不平等的累积效应倾向于压制包括自由竞争在内的各种自由。如果社会成员享有足够充分的自由，那么随机因素的影响可以极大缓解收入不平等效应。

我们知道，知识社会的收入分配，与以往任何社会相比，更容易受到随机冲击的强烈影响。金融市场里著名的"黑天鹅"事件以及用来刻画"知识发现过程"的泊松分布（小概率事件），其实适用于任何因信息聚散而形成的商业机会。

根据哈耶克的最令人信服的论证，与中央计划体制相比，离散的市场体制不仅能够更有效率地协调散在于无数社会成员头脑里的知识，而且能够以更高的概率发现新的知识。因为，只有鼓励每一社会成员在每一可能方向上生活的社会，最可能与那些散在于各种可能生活中的小概率且至关重要的事件相遇。

综上所述，知识的自由倾向与累积性不平等扼杀自由的倾向，构成了知识社会的内在紧张。为缓解财富集聚扼杀自由的倾向，许多国家对遗产课征高税（税率高于50%）。此外，在教育没有失败的社会，通过知识致富的人通常懂得下述的行为学原理：获得知识的唯一正常途径，是学习——投入时间、养成习惯、开发判断力。维特根斯坦懂得这一原理，毁灭一个人的最有效方式就是让他沉湎于物质财富从而丧失学习知识的能力（学习已成为一种痛苦），尤其是，他的后代很可能继续沉湎于物质财富从而继续丧失学习知识的能力，若干代之后，他的后代终将消费殆尽自己的财富，但那时他们仍不愿意学习（家族习惯完全改变）。在知识社会里，根据贝克尔的"王朝效用函数"最大化模型，盖茨与巴菲特将大部分财富捐给社会而不是留给子女，符合经济学理性。

当代中国社会问题复杂性的一种表征是，既有现代的成分又有前现代的和后现代的成分，而且这三类成分在转型期的目前阶段似乎构成均势。身份遗传的重要性，是前现代成分。对社会分工与专业化的尊重，是现代成分。这两种成分势均力敌的结果是，在中国，或许最能激发公众正义诉求的现象——权力寻租或腐败仅仅是它的特例——是由垄断造成的社会纵向流动性逐渐减弱趋势。

如前述，主要是不平等的累积效应，所谓"富二代""官二代""演艺二代"和"学者二代"，以及这些"二代垄断"的后果——"贫二代""民二代""粉丝二代""无知二代"，这才是全部问题的实质。另一方面，包括乡土运动在内的环境主义运动，是后现代成分。教育普及和收入增长，是现代成分。这两种成分之间的冲突日益激化，部分地解释了最近十年发生于各地的群体事件。

与收入增长相比，正义诉求绝非无关紧要。实验数据支持这一判断：公众感受到的幸福增加幅度，至少三分之一（如果不是至少二分之一的话）可以由正义诉求得到满足的程度加以解释。所以，柏拉图以来，政治哲学家相信，判断一个社会是否美好，首要的准则就是正义准则。关于正义，存在着纷繁复杂的学说。我在《新政治经济学讲义》的前三讲，主要处理这些学说，与信息量有关，从特殊主义的到普遍主义的，参阅那部讲义的图3.8。

现在考察正义感的来源，这是包括人类在内的社会性哺乳动物的社会心理学原理：核心的正义诉求总是基于可比群体之内个体之间的相互比较而发生的。这一原理意味着：

（1）激发正义诉求的事件，为可比群体之内的个体提供了在同一情境内不同个体的正义感受，于是在可比群体内部形成一些正义准则。当个体感受充分偏离这些正义准则时，便可激发个体的正义诉求；

（2）可比群体的范围和结构，随社会演变而改变。考察欧洲历史，我们知道，经历数百年才大致实现了的政治民主化的表征是，有权参与社会决策的群体范围从贵族逐渐扩展到平民。伴随这一扩展，平民逐渐习惯于与贵族相互比较，于是身份和社会地位的可遗传性迅速降低；

（3）自由是整体之事，社会演变的基本路径可以决定可比群体之内的正义准则。开放的社会，由于教育普及和知识结构的深化，原则上可以包容每一个人在一切可能方向上的生活方式，前提是遵守维系社会免于瓦解的约束条件（保守自由）。相反地，当社会从开放转为封闭时，借助于以封闭心灵为主旨的教育普及过程，原则上，任何偏离主流社会的生活方式都可能激发公众的正义诉求；

（4）在个体感受中，所谓"纵向流动性"，在社会制度的限制下，部分是个人努力的结果，部分是随机因素的影响。一般而言，身份的可遗传程度越低，个人努力和随机因素的影响就越大，主观感受到的正义，可以随纵向流动性的增加而增加或下降。据我观察，纵

经济的限度

向流动性增加，倾向于使社会对收入分配不平等的心理承受能力上升。换句话说，假设财富集聚不能垄断个体发展的机会，那么，有更高纵向流动性的社会能够容忍更大的收入不平等。

与正义感不同，但常相关联以致被许多中国人相信是正义感的，休谟和斯密称为"仁慈"——即运用同情心于他人遭受苦难的情境时激发的情感。必须承认，目睹他人受苦，也会激发我们的正义感。所以斯密在休谟学说的基础上，更深入分析具体情境。斯密的分析与现代脑科学实验有一致的结论，尤其是男性被试，目睹参与"囚徒困境"博弈的背信弃义者受苦时强烈激发的是复仇脑区而不是仁慈脑区。当我们在街头见到乞丐时，我们当中一部分人可能施舍零钱给乞丐，但还有相当部分的人不会施舍，尤其是，如果这些乞丐完全可以独立谋生，或如果被识破以致通常被想象成是伪装可怜，甚至还可以仅仅依据佛家的一项论断"可怜之人必有可恨之处"。一般而言，仁慈的行为也依赖于社会制度。坏的制度，诱使良民演化为刁民，于是仁慈越来越倾向于被利用，从而仁慈感渐渐被遮蔽。好的制度为诚信提供强烈激励，于是仁慈行为越来越成为合作与信任的表征。一般而言，仁慈还取决于个人的性格与经历。鲁迅的个人性格和个人经历或许决定了他临终时还要坚持"一个也不原谅"的原则，与周作人远为复杂的行为恰成对照。

不论如何，当我们讨论正义感的时候，不应忘记讨论与它相关的仁慈和审慎这两种基本情感。斯密在《道德情操论》结论篇里指出，每一个人都有这三种基本情感，其一是关于自身福利的基本情感，称为"审慎"。其二和其三，是关于他人福利的基本情感，分别称为"正义"与"仁慈"。

在中国社会转型期的目前阶段，正义诉求与前述的三种成分并存，密切相关。资本主义市场经济是一种现代成分，如西美尔所论，它倾向于将一切价值拉低到同一平面上，用"货币"加以衡量。当这一倾向侵入家庭时，就要摧毁日常生活中的温情，表现为离婚率、自杀率和犯罪率的迅速上升。在韩国，婚外恋破坏婚姻稳定故可裁定违法，可视为前现代成分对现代成分的制衡。

中国的情形，因计划体制向市场体制的转型而变得更加复杂。生产资料私有化以及雇佣劳动是否违背正义准则，曾是改革初期激烈争辩的主题。

由上述三种成分构成的正义准则，随社会转型而演变，尤其当转型迅速时，正义准则发生激烈改变。这种情形当然要对立法和司法产生影响，至少会使法律失去它固有的稳定性——以及因此而有的可预期性。如果法律变得难以预期，随着社会经济生活的复杂化，协调分工的成本可能迅速增加，于是公众转向政府强权，寻求可以代替法律的秩序。又如果偶然出现了强势且廉洁（节省交易费用）的政治领导人——如韩国经济起飞时期的朴正熙总统，那么威权主义（父权主义以及家长制）或许是短期内公众更愿意接受的政治体制。梯利（Charles Tilly）对各国民主化的长期考察，似乎也支持这一假说。虽然长期而言，"衣食足而知荣辱"，公众对尊严和权利的诉求必定主导政治生活。更何况，权力趋于腐败，绝对权力绝对腐败。故而，在几百年的长期视角下，民主是大势所趋。

资本与财富

资本与财富，不同于经济学常用的来自日译的其他语词，我检索《四库全书》（上海人民出版社全文可检索版），这两个语词不是"和制汉字"。明治维新的翻译浪潮之前，汉语已有"赀本"，见于宋代文献，赀的意思是"财产""财富""计量"。财富的使用更早，见于汉代文献，"财"与"富"两字联用，或可追溯至《大戴礼记》乃至《尚书》。马克思著《资本论》，使资本一词大肆流行于社会科学诸领域。故有必要考察资本与财富，在德文与英文中的涵义。

本来，德文与英文十分不同，德文与古希腊文亲和。所以，黑格尔说希腊文是德文的故乡。英文和法文都与拉丁文亲和，只不过，罗马帝国瓦解之后，北欧海盗维京人侵扰频繁甚至主持英国朝政，此后还有说德语的国王。所以，英语语汇包含了拉丁、希腊和北欧这三方面的来源。但是，"资本"这一语词，在德文和英文里是同源的，根据字源学词典网站 Online Etymology Dictionary，最早出现于13世纪的法文，它的意思是"头部""与头部有关的"（故而与拉丁文 "caput" 或现在的英文 "per capita" 相通）"首要的""财富""用于产生未来财富的财富"（最早见于1868年的文献）。"资本家"（capitalist）一词，1791年出现于法文当中，意思是"man of money"。这一语词若直译为"金钱之人"就有些费解，但译为"资本家"又涉嫌被现代语言污染，对比常见的英文表达"man of action"（永远要有所行动的人），或许可以译为"为金钱活着的人"。比资本涵义广泛的是财富，这一语词，最早见于13世纪，核心涵义是"幸福"，然后是"健康"（中古英语"well-being"和"weal"），然后才是近代以来的核心涵义"富裕"和"繁荣"。

由以上的考证不难看到，中文的资本与财富意思相近，但是西文的资本与财富，在最初的涵义当中，资本的核心是首脑，而财富的核心是健康。

会计账目起源于中世纪意大利城邦，是"用数目字管理的"理性资本主义的"支撑系统"之首。在会计账目里，资本的意思是扣除债务之后的本金，或所有者权益，这是首要的项目，具有首脑的或与头部相关的重要性。财富最早的形态是健康，这是很容易理解的。中世纪的财富形态，在健康之外，增加了君主的财富以及与此相关的"共同财富"（common wealth）。此处，"共同"没有现代涵义，1500年以后民族国家兴起，这一语词指的是城邦或君主国家。博丹《国家六书》被认为是（亚里士多德之后）近代以来最早的政治学著作，1606年英文译名是 *The Six Bookes of a Commonweale*。

直到个人主义精神在西方兴起之后，例如斯密的时代，财富这一语词才有了个人财富的涵义，被斯密用来替代以往政治经济学的核心概念"财宝"（treasure）。布坎南指出，斯密的一大贡献在于用国民财富这一概念取代了君主财宝这一概念。对君主的财宝箱而言，无所谓"经济增长"。故而，斯密经济学开启了经济增长的理论。也因此，斯密的名著，王亚南和郭大力实在不应译为《国富论》，而应从严复，译为《原富》。

财富若要增长，资本固然是首要的，但资本的涵义丰富多变。如上述，早期它意味着健康。19世纪晚期，资本被定义为"产生未来收益的投入"。20世纪晚期，资本的核心内容从"物"的变为"人"的，世界进入"人力资本"（尤重"健康"）和"知识社会"（尤重"头脑"）的时代。21世纪，从目前可见的趋势看，资本的核心很可能是"社会的"而不再是"个人的"。因为，恰如德鲁克多次论述的那样，由于健康水平的不断提高（期望寿命在90-100岁之间），还由于技术进步和知识社会的特征，知识工作者的退休年龄将推迟到80岁，而公司或生产组织的平均年龄将缩短至5年以内，因为知识系统更新的周期肯定将少于5年。德鲁克认为，那些苟延至50年以上的组织，大多已僵化为官僚机构，等待消亡而已。德鲁克还认为，知识工作者根据"项目"而形成的聚散过程，将是"知识组织"的主要形态。并且，"知识网络"之能够延续，最核心的因素是信任关系。在行为经济学文献里，信任关系是"社会资本"。

这里可以引入布迪厄探讨的"文化资本"问题。对他而言，任一场域之内可以有三种资本，经济的、社会的、文化的。我在开篇定义的，是经济资本。德鲁克探讨的知识组织的信任基础，是社会资本。可被列入布迪厄的文化资本的是：教养、习惯、格调、品位、语言、态度、生活方式以及有助于融入这一场域的其他人际关系。可见，文化资本与社会资本以及贝克尔定义的人力资本，三者之间有相当程度的重合。当文化成为资本时，我们便不难设想德鲁克想象中的知识工作者转化为"文化资本家"的过程。事实上，我们很难区分知识工作者与文化资本家，尤其在人文领域里。

为了进一步探讨资本与财富问题，我需要将标准的资本定义扩展到经济领域之外，例如社会、文化、心理、政治等领域。根据我的理解，"资本"这一概念，经济学家的标准定义是在奥地利学派经济学家庞巴沃克与美国经济学家费雪于19世纪末叶至20世纪初叶的十年"资本"论争过程中确立起来的（参阅我的另一篇文章《资本、资本市场与人力资本》）。

根据标准的定义，一项资本，在一个完备市场里得到的价格（价值）必定等于这项资本在未来能够产生的全部净收益贴现值之总和。这里出现了资本概念的三项要素：

（1）贴现或折现率。这是奥地利学派经济学家最关注的价值生产的时间因素。行为经济学研究表明，在脑内，时间与不确定性是等价的。与此相应的是金融学常识，即不同风险类别的金融资产必须以不同的折现率计算净收益的现值，如果一项净收益的其他性质保持不变，则它的远期折现率必定高于近期的；

（2）完备市场。这是新古典经济学的一般均衡假设。对资本定价而言，它要求在未来的每一时刻都存在这一资本的完全竞争市场。在现实世界，市场不可能是完备的。这就意味着，从来不存在"正确的"资本价格。现实世界里，只有资本的"估值"。也因此，股票市场的参与者永远有利润或亏损的可能；

（3）净收益。即每一时刻的收益与成本之差。对于未来的任何时刻，收益与成本都包含不确定性。越是远期收益，由时间涵盖的全部可能性也越多且微妙难测，故而净收益的不确定性就越高。任何已知的风险类别都不可能穷尽由时间涵盖的全部可能性，尤其是那些小概率致命事件——真正的不确定性。

今天，脑科学研究报告完全支持1920年代奈特关于"风险"与"不确定性"之间本质差异的论述，从而完全否定了芝加哥学派领袖斯蒂格勒对他的老师奈特的这一论述的批评。

小概率致命事件，又称"黑天鹅事件"，在当代金融市场乃至复杂社会的一切方面，广泛地引发关注。甚至如普及了这一名称的那本书的作者塔勒布向世界宣布的那样：历史原本就是一连串黑天鹅事件。换句话说，如果没有黑天鹅事件，历史就终结了。

人类能够生存到今天，心理结构很大程度上已适应了黑天鹅事件，这是行为经济学家卡尼曼获得诺贝尔经济学奖的主要理由，他发现：人类倾向于高估小概率事件并且低估大概率或中等概率事件。

现在回到我们的资本定价公式，假如一项资本的远期净收益包含了某些黑天鹅事件，那是致命性的，例如，完全抵消或许多倍于从近期到远期的全部净收益。事实上，人力资本投资，典型如儿童早期教育，常包含这样的黑天鹅事件。越来越多的临床证据显示，儿童早期教育乃至围产期护理的远期后果（自杀、抑郁症、反社会行为）很可能大于生命以后各阶段净收益的总和。依照通常的资本定价方法，上述黑天鹅事件的可正可负的净收益属于风险极高的类别，故应采取极高的折现率。

但是由于黑天鹅事件的发生时刻完全不确定，应当对哪一项远期净收益采取极高的折现率呢？显然，如果我们对全部净收益采取极高折现率，资本估值将永远接近于零。在现实世界里，资本的估值通常不是零。这就意味着，投资者（或投机者）的行为更符合卡尼曼发现的原理——人们总是倾向于高估小概率事件的重要性。

人力资本是知识社会生产力的核心，知识资本的行为与马克思批判的资本行为，二者之间还有多少是相似的？或在多大程度上不相似？从既有的研究结论判断，由于幂律的强烈作用，知识资本如果不能自律，那么它掠夺收入的能力远高于经典的资本。

这一判断对中国社会尤其关键，因为中国社会演化至今，前现代成分与现代和后现代成分并存，故而可能出现最腐朽的（前现代类型的）知识垄断。这一现象在中国社会，丝毫不陌生。因为，以往的知识垄断，在汉语里称为"学阀"，行为模式类似于"军阀"——后者拥"兵"自重征伐异己而前者拥"学"自重征伐异己。

知识垄断的可能性不仅是一种可能性，而且，根据两位哈佛经济学家施莱弗和格莱瑟（Shleifer and Glaeser）2006年在NBER的一篇工作论文（"Why does democracy needs education?"），这还是很现实的一种可能（现实可能性）。他们的报告表明，虽然教育一般而言极大降低了公众参与政治的成本，从而教育的一项最常见的副产品就是政治民主化，但是，也存在这样的可能，即一批受过良好教育的精英分子为垄断权力而推翻民主政体，让我们立即联想到《1984》。

知识不应仅仅是资本，这是人文教育的最重要的社会效益。遗憾的是，我们长期以来最缺乏的是人文教育。这一现象，或可归因于宋代以来的"野蛮化"过程。不过，更显著的原因可能始于近代。

我说过，中国的经济奇迹，在数千年的长期视角下，其实是唯一现实的发展——仅仅在物质生活这一维度，只要有足够时间与合适的外部环境。至于另外两个维度的发展，社会生活的和精神生活的，前者因为20世纪铲除了宗法制度而变得不现实，后者因为人文传统"花果飘零"而变得不现实。

在如上的历史情境里，中国却被世界带入了知识社会。在全球化时代，知识是全球流动的，因此，知识资本收益的幂律，也在全球范围内起作用。国内的企业股票在美国资本市场挂牌交易，此外还有许多跨国公司和中外合资项目，有技术转让协议，有关系企业之间的"代培"。

总之，知识社会是全球化的，故而知识工作者的报酬规律势必在全球范围内起作用。当然，知识在全球范围的分布，关键性地依赖于全球网络的局部社会结构。这是我介绍过的"费孝通命题"（参阅费孝通与吴晗1948年发表的著作《皇权与绅权》由费孝通撰写的前三章）：一个社会有什么样的社会结构，它就产生并积累什么样的知识。例如，或许因为个人主义精神，或许因为全球政治格局，或许因为清教资本主义，总之由于多重的复杂的原因，欧美社会结构使欧美的知识生产组织在长期内保持着全球学术中心的地位，于是在欧美地区产生并积累的知识，与在发展中地区产生并积累的知识相比，更可能成为主导性的。欧美社会产生和积累的知识更可能占据知识重要性的幂律分布的顶端，于是获得人类知识总回报的极高份额。

换句话说，我们不妨将"占领华尔街"运动视为在知识（理解了的信息）的幂律分布中，位于底层的知识工作者群体（可能占人口的99%）对占据顶层的知识工作者群体（可能只是人口的1%）的政治抗争。不同于以往政治抗争的显著特征在于，这场运动没有任何确定的纲领和近期目标，从而它无法知道自己将在何处结束。正是根据这一特征，我认为这场运动是人们对"知识幂律"的最初抗争。

中国学术界已沦为西方学术的"殖民地"（参阅我1996年的文章《"学术中心"何处寻？》），在中国的知识工作者很可能以远比在欧美的知识工作者更低的概率，在某一时刻占据知识幂律的顶端。虽然，一旦占据了顶端，他们得到的报酬足以让他们进入全球首富清单。

此处不应忘记的是，任何一项知识，在全部知识的重要性分布（即知识幂律）中变动迅速，可用"日新月异"来描述。因此，知识社会的收入稳定性，远低于以往的全部时期。当然，这也是"终生学习"的激励。今年进入"首富"清单的，明年很可能被拉出这份清单。德鲁克提醒我们，被认为重要的知识，更新速度极快，1980年代美国的工程师们大约平均三年就需要更新自己的知识。

如前述，聚集了财富之后，知识型组织也可能不将财富用于更新知识而是用于垄断。仍是根据"费孝通命题"，一个社会的组织将财富用于更新知识还是用于垄断，主要取决于社会制度提供的行为激励。如果寻求垄断需要支付远比寻求知识更高的代价，这些组织将倾向于寻求知识。反之，它们将寻求垄断。

中国的知识工作者，不论在欧美还是在中国，当他们偶然占据了知识重要性分布的顶端时，由于人文教育的缺失或由于寻租成本远低于寻求知识的成本，他们可能选择垄断——在更适合选择垄断的社会结构之内，通常就是回到中国。这样，我的论述就要涉及中国的体制改革。

另一方面我们知道，欧美社会结构也在演化，而且演化的方向并不令人乐观，甚至可以被自由主义者德鲁克描述为"每况愈下"。当然，西方人早已关注这一趋势，否则1908年还是一名高中教师的斯宾格勒发表于1918年的《西方的没落》，绝不致激发如此多（被卡西尔称为"前所未有的"）西方和中国有识之士的思考。

因此，在上述历史情境里，中国知识分子其实可以有更高远的志向。前提是，他们不满足于知识工作者或知识资本家的职能。

于是我的叙述回到了开篇或这篇文章标题的第二个语词"财富"——它在早期意味着"身－心－灵"的健康。不同于最近引人注目的皮凯蒂，我认为真正的财富回报，是知识财富对"身－心－灵"三位一体的健康影响。也只有"知识"这一财富形态，与以往的财富形态相比，更可能带来"身－心－灵"的健康。借用冯契先生的概括，就是"转识成智"。在西方思想传统里，智慧不再仅仅是知识，而是苏格拉底寻求的人生之真谛。在东方思想传统里，智慧意味着更高级的生存状态，在这一状态里，只有"空灵"（保持着警惕性的空性）因而无知无识，离形去知（颜回"坐忘"），世界的真相于是呈现自身（颜回"同于大通"）。

毕竟，智慧是实践之事而非文字或语言之事。在这里，我必须止笔。

嵌入在社会里的公司——重温德鲁克

最近宝能与万科的股权之争引发了至少一篇可以引发更多思考的文章——陶景洲写的《"宝万之争"背后的股东信誉问题》(《财新周刊》2015年第50期）。以及与陶景洲文章主旨密切相关的博客文章——刘胜军写的《宝能万科之争：我为什么支持王石》(财新网2015年12月21日）。公司是嵌入在社会之内的，所以它必须承担相应的社会职能——这是德鲁克1943年写作《公司的概念》之初衷。凭借金融手段猎食公司，确实可能迅速聚敛财富。这种方式，被称为"新金融资本主义"。财富不能无中生有，追究根本，猎食者聚敛的财富来自被猎食的公司在它嵌入的本土社会里长期投资形成的"社会资本"——我在《行为经济学讲义》里定义过：就社会网络而言，"社会资本"就是有利于人际合作的全部社会因素之总和。我们甚至可以据此定义资本市场里的"猎食者"，他们的核心价值观就是法国国王路易十五的那句名言"我死之后哪管洪水滔天"。因此，凡无法律界定从而法律不能禁止掠夺的社会资本，都可能成为猎食者的目标。

怎样的公司可能成为"百年老号"？古今中外，一家公司不论崛起的速度如何迅猛或缓慢，最终决定它是否长期存续的因素——呵呵，这一命题几乎就是逻辑学家所谓"重言式"（tautology）或北京人口语所谓"废话"——首先是公司的决策视野是否具有长期性。让我们假设有两家公司，甲和乙，公司甲的决策基于长期发展策略，公司乙则只遵从尽可能短期的行为策略。例如，甲的长期策略之一是与社区居民建立良好关系——提供或参与各种社区服务和志愿者组织，尤其关注环境保护与伦理建设，用中产阶级喜欢的语言，公司甲努力要成为一家"绿色公司"。不难想象，公司甲的投资，相当一部分是社会资本投资。我看到的享有社会声誉的房地产公司，不仅建房而且通常要为自己建造的小区提供令人满意的物业管理服务。因为，一方面，这里存在不容忽视的"economies of scope"（参照"规模经济效益"勉强直译为"范围经济效益"）；另一方面，这也是基于长期发展的策略。比如目前流行的网络医疗服务，提供这类服务的公司更需要有长期发展策略并投资于社区。

根据哈耶克关于"catalactics"（交换）的希腊词根的考察，自从人类有了交易活动，最初的交易发生在朋友当中，与陌生人无关。事实上，我们日常生活大部分重要的交易，例如汽车、住房、医疗、教育、各种保险以及任何一项耐用消费品（冰箱、彩电、洗衣机），总是包含了许多必要的后续服务，因而不是一次完成的。这两种情形，经济学教科书曾经有过明确区分：一次可完成的交易称为"exchange"，包含后续服务的交易称为"trade"，二者统称"transaction"。由于交易包含后续服务，交易伙伴倾向于维持长期关系，而长期关系必须基于信誉。对公司或个人而言，信誉是一种社会资本，或许是最重要的一种。通常，信誉与短期行为无关，而

嵌在社会里的公司——重温德鲁克

且信誉与广告无关，例如许多注重信誉的日本商家甚至拒绝做广告，信誉在社会网络里主要以"口传口"或"回头客"的方式传播。

德鲁克在《公司的概念》1993年第四版"前言"里指出，"公司必须承担社会职能"或"嵌入在社会之内的公司"，这一命题及其荣誉毫无疑问应归于托克维尔（《美国的民主》1835年上卷、1840年下卷）。此外，两位国内学者2011年发表的一篇文章，将社区与结社的理论回溯至托克维尔（李亚平、严华，《结社理论与实践之探微》，《兰州大学学报》2011年11月第39卷第6期）；同时托克维尔预见到，"政府当局越是取代社团的地位，私人就越不想联合，而越要政府当局的援助……这样下去，凡是一个公民不能独自经营的事业，最后不是全要由公共的行政当局来管理吗？……如果一个民主国家的政府到处都代替社团，那么，这个国家在道德和知识方面出现的危险将不会低于他在工商业方面发生的危险……一个民族，如果他的成员丧失了单凭自己的力量去做一番大事业的能力，而且又没有养成共同去做大事业的习惯，那它不久就会重回野蛮状态，因此，必须使社会的活动不由政府包办。"

据那国毅《百年德鲁克》叙述，在撰写《公司的概念》这本书的时期，德鲁克与"通用汽车"总裁斯隆保持对立态度（这一对立态度也见于德鲁克为这本书写的序言），因为，德鲁克的基本态度是公司必须承担社会职能，而斯隆认为公司只应追逐利润。这两位朋友之间的这一对立态度，使德鲁克的这本书必须推迟发表。2009年6月1日，通用汽车公司向纽约破产法院申请破产保护。那国毅认为，在半世纪之后，通用汽车的破产最终证实了德鲁克公司理论的正确性。我相信，这两位伟大人物的这次争论已被收入 MIT"斯隆商学院"的教案。我浏览中文网页关于通用汽车破产原因的论述，注意到这些论述只提及通用汽车担负的员工福利过于沉重以致难以为继。其实，这正是德鲁克在《公司的概念》里预言了的后果：如果公司不能成为本地社区的一部分，它就只能独自承担员工福利，尤其是退休员工的养老福利以及医疗开支。不仅如此，德鲁克甚至预言通用汽车将于1990年代宣告破产。也就是说，通用汽车坚持的时间比德鲁克预言的长了十年，但还是破产了。在《公司的概念》1993年第四版前言的结尾处，针对通用汽车在广泛领域内收购各类公司的策略，德鲁克这样嘲讽或警告通用管理层：遵循管理学上最古老的误识：如果你无力经营你的企业，那么就去购买一家你毫不在行的企业。德鲁克指出，这样的策略不可能改变通用汽车走向破产的命运。

公司的规模越大，它必须承担的社会职能就越重要。惟其如此，才有了所谓"stake holders"（利益相关的诸方）这样的观念。猎食者之所以不利于社会，因为他们不在乎法律尚未界定的与公司利益相关的其他各方的偏好。所以，宝能与万科的未完结案例提醒我们重温德鲁克的教导：当大公司崛起并且不能融入本土社会时，本土社会将逐渐解体。

嵌在社会里的公司——重温德鲁克